用于国家职业技能鉴定

国家职业资格培训教程

YONGYU GUOJIA ZHIYE JINENG JIANDING

GUOJIA ZHIYE ZIGE PEIXUN JIAOCHENG

礼仪主持人

（国家职业资格三级）

编审委员会

主　任　刘　康
副主任　原淑炜
委　员　王　群　马　力　陈　虹　张　溦
　　　　陈　蕾　张　伟

本书编审人员

主　编　陈　虹
编　者　娄　云　聂德芸　陈　曦　宋爱文
主　审　王　群

中国劳动社会保障出版社

图书在版编目(CIP)数据

礼仪主持人:国家职业资格三级/中国就业培训技术指导中心组织编写. —北京:中国劳动社会保障出版社,2008

国家职业资格培训教程

ISBN 978-7-5045-7225-7

Ⅰ. 礼… Ⅱ. 中… Ⅲ. 主持人-培训-教材 Ⅳ. G222.2

中国版本图书馆 CIP 数据核字(2008)第 093774 号

中国劳动社会保障出版社出版发行

(北京市惠新东街1号 邮政编码:100029)

出版人:张梦欣

*

北京市艺辉印刷有限公司印刷装订 新华书店经销

787毫米×1092毫米 16开本 10.75印张 184千字

2008年6月第1版 2022年1月第4次印刷

定价:20.00元

读者服务部电话:(010) 64929211/84209101/64921644

营销中心电话:(010) 64962347

出版社网址:http://www.class.com.cn

版权专有 侵权必究

如有印装差错,请与本社联系调换:(010) 81211666

我社将与版权执法机关配合,大力打击盗印、销售和使用盗版图书活动,敬请广大读者协助举报,经查实将给予举报者奖励。

举报电话:(010) 64954652

前　　言

为推动礼仪主持人职业培训和职业技能鉴定工作的开展，在礼仪主持人从业人员中推行国家职业资格证书制度，中国就业培训技术指导中心在完成《国家职业标准·礼仪主持人》（试行）（以下简称《标准》）制定工作的基础上，组织参加《标准》编写和审定的专家及其他有关专家，编写了礼仪主持人国家职业资格培训系列教程。

礼仪主持人国家职业资格培训系列教程紧贴《标准》要求，内容上体现"以职业活动为导向、以职业能力为核心"的指导思想，突出职业资格培训特色；结构上针对礼仪主持人职业活动领域，按照职业功能模块分级别编写。

礼仪主持人国家职业资格培训系列教程共包括《礼仪主持人（基础知识）》《礼仪主持人（国家职业资格四级）》《礼仪主持人（国家职业资格三级）》《礼仪主持人（国家职业资格二级　一级）》4本。《礼仪主持人（基础知识）》内容涵盖《标准》的"基本要求"，是各级别礼仪主持人均需掌握的基础知识；其他各级别教程的章对应于《标准》的"职业功能"，节对应于《标准》的"工作内容"，节中阐述的内容对应于《标准》的"能力要求"和"相关知识"。

本书是礼仪主持人国家职业资格培训系列教程中的一本，适用于对三级礼仪主持人的职业资格培训，是国家职业技能鉴定推荐辅导用书，也是三级礼仪主持人职业技能鉴定国家题库命题的直接依据。

本书在编写过程中得到华东师范大学传播学院的大力支持与协助，在此表示衷心的感谢。

中国就业培训技术指导中心

目 录

CONTENTS 国家职业资格培训教程

第1章　方案策划 ……………………………………（1）
　第1节　构思方案 ……………………………………（1）
　第2节　考察现场 ……………………………………（28）
　思考题 ………………………………………………（39）

第2章　程序推进 ……………………………………（40）
　第1节　导入开场 ……………………………………（40）
　第2节　串联板块 ……………………………………（50）
　第3节　收合结尾 ……………………………………（62）
　思考题 ………………………………………………（69）

第3章　气氛营造 ……………………………………（70）
　第1节　配合态势 ……………………………………（70）
　第2节　调动现场 ……………………………………（96）
　思考题 ………………………………………………（122）

第4章　人际互动 ……………………………………（123）
　第1节　形成互动 ……………………………………（123）
　第2节　语言交际 ……………………………………（152）
　思考题 ………………………………………………（164）

第1章 方案策划

第1节 构思方案

 学习单元1 撰写策划方案

 学习目标

➢ 了解文案策划的基本常识
➢ 熟悉策划人应具备的基本素养和能力
➢ 掌握策划书的撰写方法及要领
➢ 能够进行全面周详的策划准备

 知识要求

1. 文案的概念

策划文案即策划书,是策划的表现和总结,是策划实施的指导、依据和规范,简称"文案"。文案是策划的书面形式,是策划人与客户、委托人的话本,它是提案通过后策划的正式文样，是策划人员的心血结晶，它不可以像提案那样闪烁其词，而是要饱含激情、充满睿智，来不得半点虚假，但又不能信息重叠、建议成堆。

策划文案的内容是文案的主题与构成，对于策划而言，内容取舍非常重要。文案究竟用多长的篇幅并没有一定之规，最重要的是能够以与众不同的方式达到策划目的。策划文案要化繁为简，而不是连篇累牍。

策划文案的形式是文案的表象与符号。策划文案的形式既可以简约清新，也可以雍容华贵，文案的外表是内在的体现，而内在才是文案的关键。

2. 文案的本质

（1）核心本质——实施手段

文案本身不是构成策划活动的目的，它只是为达到客户目的而即将实施的一些具体手段的组合。对文案而言，其最终目的是使客户接受公司的服务，认可构思的策划方案，将诉求对象的注意力引向活动的意义本身，有效地传达信息。

（2）主要目的——传达信息

需要实施策划方案的公司或个人最主要的是要向其诉求对象传达信息，文案正是信息传达的手段之一。这种信息可能是某种独有的优势或者利益，但是无论如何，文案人员都不能仅仅做表面的语言和文字雕琢，而忘记自己是在做传达信息的工作，忽略文案最主要的目的。

（3）传播载体——语言文字

在可以承载信息的诸多载体中，语言和文字是最有效的。作为信息传播的符号，语言和文字在文案中将有丰富的形态，或朴素，或华美，或幽默，或凝重……但无论如何变化，只有一个目的，就是让信息传达更有效。文案人员应该培养自己使用语言文字"有效"传达信息的技巧。

（4）诉求对象——人

用广告的专业术语来说，文案的沟通对象是"消费者"和"潜在消费者"，是"诉求对象"。诉求对象的身份、年龄、性别、生活方式、消费心理、消费行为等特征常常需要在文案中有非常充分的描述，但这个概念化的术语也往往使得文案人员忘掉是在对人说话，而写出一些根本无法深入消费者内心、纯粹是"销售说辞"的文案。广告的诉求对象从本质上说就是你和我，是与广大人民群众没有什么不同的有血有肉有情感的"人"。文案与消费者之间的沟通，就是与人的沟通。能和人沟通的文案，才是真正有效的文案。

(5) 传达方式——创造性传达

优秀的文案人员能够充分发挥想象力和创造性，跳出俗套，写出新鲜、独特，让诉求对象耳目一新，而又深具吸引力和说服力的文案。但想象力和创造性的发挥，并不是毫无边界的。文案写作不是独立的创意工作，而只是将创意从概念变为具体作品过程中的一个环节，方案的传达方式由创意限定，而不是由文案人员自由选择。文案人员的任务是将创意概念融入文案之中，并充分借助语言文字的力量，最大限度地发挥效用。

3. 文案的构成要素

策划人一般根据实际的需要和自己的文笔风格来撰写策划方案。但无论文案形成的内容有什么差别，一份完整的策划文案应当具备以下几项内容：

(1) what（什么）——策划的目的、内容。

(2) who（谁）——策划组织人、策划人、策划所涉及的对象（人）。

(3) where（何处）——策划实施地点。

(4) when（何时）——策划实施时机。

(5) why（为什么）——策划的缘由。

(6) how（如何）——策划的方法和实现形式。

(7) how much（多少）——策划的预算。

(8) effect（效果）——策划结果的预测。

上述8个要素是一份完整的策划文案应当具备的基本骨架。针对不同组织、不同内容与形式的策划文案，主要应该包含这8个方面，然后再根据自己的需要进行完善和组合。策划文案的创意与个性风格，就存在于对要素的丰富完善和组合搭配的差异之中。

4. 文案的格式

策划文案的基本格式大致包括下列五项：

(1) 封面

策划书的封面犹如人的脸，是直接对外的，是直接面对策划需要者或决策者的，虽然应以内容取胜，但外表也不容忽视。所以，封面虽不要特别精美，但用纸的厚度要比内文的纸厚些，颜色要与内文有所区别。为了让需要者或决策者一目了然，策划书的封面要写明下列4点：

1) 题目。题目必须具体而清楚，让人一目了然。

2）策划者单位或个人名称。

3）策划文案完成日期。写明年月日甚至时。

4）编号。如根据策划文案制作顺序编号，根据文案的重要性或保密程度编号或根据文案管理分类编号等。

此外还可考虑在封面附加二三百字的简要说明，目的是让需要者或决策者马上看到策划的价值。在能说明问题的情况下，文字宜尽量少。如果策划文案尚属草稿或初稿，还应在标题下的括号中注明，写上"草稿""草案""送审稿""讨论稿""征求意见稿"等字样。如前有"草稿"，决策确定后的策划文案就应注明"修订稿""实施稿""执行稿"等字样。

(2) 序文

并非所有策划文案都需加序，除非策划文案内容较多较复杂，才有必要以简洁的文字作一个引导或提举。简要说明为什么要这样策划；如此策划的可行性、必要性及其价值；主要的策划方法以及步骤；策划的阶段性、阶段性目标实现的时间表等。文字不宜过长，一般不超过800字，力求简捷、明了。

(3) 目录

如果文案头绪较多较复杂，就有必要作目录。目录是策划书的写作结构。编写目录的目的是为了让人们了解策划的全貌、策划人的思路和策划书的整体结构。如果封面引人注目，内容提要使人感兴趣，那么，目录务求让人们了解策划的全貌。

(4) 正文

策划文案的正文是文案中最重要的部分，是全书的核心所在。在这里，必须对策划的全部过程做细致而有条理的叙述。主体内容因策划的目的、形式、行业的不同而有所变化，但须以让第三者能清晰理解为好，切忌过分详尽。

其主要内容有以下几项：

1）项目背景分析。主要根据策划前的调查结果，阐明活动的意义、必要性和实施成功的可能性。它常包含组织概况、产品简况、组织形象与公众关系状态、组织面临的市场格局及公众状况分析。单项的策划文案可能略去背景分析，但不等于说策划者可以不去了解上述背景材料。

2）项目主题。

3）项目宗旨及目标。

4）实施程序。即内容形式、时间安排、地点分布及人员组织等。

5）传播与沟通方案。即关于如何利用各种媒介与公众交流和传播组织信息的具体说明。

6) 经费概算。如遇重大活动，还需制作出项目清晰、开支价格较为准确的预算表附在后面。

7) 效果预测。如可能的话，不仅要写明预计达到的效果，而且要注明将来检测效果的方法，预测策划实施后的经济效益及对可能产生的社会效果进行评估。

(5) 附件

正文的写作虽需周到，但应以纲目式为好，不要给人以头绪繁多、杂乱无章的感觉。除正文以外，有时候还需附加说明和相关资料。附加说明是对策划书未尽事项的解释，相关资料是与策划相关的参考资料，有助于人们理解策划书的意图和实施策划。附件可根据策划需要灵活掌握，并非所有策划文案都强求一致。重要的附件通常有以下几种：

1) 实施工作进度表。即将活动正式实施前的所有准备工作，按先后次序列出日程表，标明某月某日完成什么内容。明确何月何日要做什么，以及工作阶段、工作任务、工作方式、注意事项等，以便逐个检查整个准备工作的落实与完成情况。进度表最好在一张纸上拟出，以做一览表之用。

2) 管理图与人员职责分配表。此项非常重要，标明何人担任什么职务，负责何事，一旦发生权责不清或某项环节出现差错，可马上调整。在表现形式上，图形具有简洁明了、易于理解的优点。该表需将每个执行者的权责明确化，并将从准备到实施全过程中的所有工作任务分配落实到人，避免出现扯皮、推诿或人浮于事的现象。

3) 开支明细预算表。策划是一项复杂的系统工作，它需要一定的人力、物力和财力。因此，必须进行周密的预算，使各种花费控制在最小规模上，以获得最大的经济效益。预算中常用的是目标估计法，即按策划确定的目标（总目标或若干分目标）每项列出总细目，计算出所需要的经费，以做到计划性强、开支项目清晰。在预算经费时，最好绘出表格，列出支出内容，这样既方便核算，又便于以后查对验核。在该表中应列出开支（在有多头收入的项目中还应列出收入表）、总目和细目，将支出内容尽量具体化和周全化。值得注意的是，开支预算切忌满打满算，一定要留有余地，留出不可预见性开支数目，总之要"宽打窄用"。

4) 策划所需的物品和场地。在何时、何地提供什么方式的协助，需要什么样的布置，虽不如预算资金那么困难，但若因此而延误了时机，策划的效果就会大打折扣，所以也要细致安排。

5) 注意事项。即将策划文案实施过程中应当注意的事项作一重点集中的提示。

如完成项目需事前促成的其他条件，项目实施指挥者应当拥有的临时特殊权限，需决策者出面对各个部门的协调，遇到特殊情况时的应变措施等。

5. 文案的不同类型

策划文案是说服或是指导人们按照专业策划人员的思路去工作的，其形态会有些特别，有别于说明书、工作规章。它提供给人的是思想和方法，并非规章与制度，正因如此，其商用功能与价值评估才高。根据不同的分类标准和方式，策划文案可分为多种类型。

(1) 按策划体系的不同层次划分

按策划体系的不同层次划分，可分为总体策划文案、专项策划文案、具体操作策划文案等。

(2) 按策划行为主体的不同组织划分

按策划行为主体的不同组织划分，可分为政治策划文案、生涯策划文案、公关策划文案、商业策划文案、军事策划文案等。

(3) 按策划目标划分

按策划目标划分，可分为企业形象策划文案、环境策划文案、行为规范策划文案等。

(4) 按策划内容任务划分

按策划内容任务划分，可分为活动策划文案、危机策划文案、调研策划文案、广告策划文案、营销策划文案等。

(5) 按策划的具体操作划分

按策划的具体操作划分，可分为专题策划文案、媒介策划文案、经费筹措与使用策划文案、资源利用与开发策划文案等。其中礼仪公司、礼仪人员采用最多的是专题活动策划文案。

专题活动的形式很多，一般而言有以下几种：

1) 开幕（开业）典礼。一个气氛热烈、隆重大方的开幕（开业）典礼，将会为这个组织或企业自身创造良好的社会形象，也有机会给公众留下深刻而美好的记忆。因为这是组织或企业第一次向社会和公众展现自我，它直接体现出组织或企业是否具有优秀的企业文化以及领导人的组织能力、社交水平的高低，而这一切往往都会成为社会公众亲疏喜恶的重要标准。通过在开幕（开业）典礼上邀请知名人士和记者参加，还可以扩大影响、增强知名度。但需要特别注意的是，典礼对程序安排和接待礼仪的要求更高，如果在这些环境中稍有不慎，不但会破坏典礼活动，达不到预期的目的，而且还会影响企业的形象，其隐含的损失是难以计算的。

2) 开放参观。企业或组织为了让公众更好地了解自己，通常组织一些对外开放参观活动。在这些开放参观活动中，企业工作人员的家属、新闻工作者和其他对企业感兴趣的公众等可以到企业参观和考察。企业可利用这些机会向公众进行宣传，表明自己的存在有利于社会和公众，以得到公众的理解和支持。企业组织对外开放参观活动是件繁杂的工作，但又是很好的公共关系活动，它可以使公众对企业产生兴趣和好感，增强企业的美誉度。

3) 会议活动。在有关工作中要常常举办一些会议，会议的形式有工作会议、专题性会议、联席性会议、布置工作和总结性会议，还有各种座谈会。比如作为公司权力机构一年一次的股东大会，企业将股东们请来，听取企业代理人本年度工作报告，审核企业代理人一年来的经营管理情况，并对企业的重大事情和企业代理人的继任与否做出决定。这种会议是企业联系股东的一种重要方式，它为企业代理人提供了一次述职的特别机会。会议的时间根据内容有长有短，会议的组织工作也有繁有简。策划人员要根据客户的需要，具体分析各种情况，作出最完美的策划。要根据会议的级别、会议对周边环境的要求为客户选择、确定具体举办地点，同时还要根据会议的具体情况，确定是否将会议划分为几个分会场，选择分会场的地点等。

4) 赞助活动。现代企业不但要赢利，还要承担一定的社会责任和社会义务，以表明企业是社会的一员，也要为社会贡献一份力量。赞助活动的目的是提高社会效益，承担企业的社会责任和尽义务，增进感情的融通，扩大影响。赞助活动的主要对象一般是体育事业、文化事业、教育事业、社会福利和慈善事业。像致力于社会福利和慈善事业的义演等赞助活动，不但有利于社会，还能使企业赢得社会的普遍好感，为企业树立起美好的形象。企业对赞助活动的科学管理，由此创造出良好的社会效益，必然得到社会的广泛支持。因此，企业应该重视搞好赞助活动。

5) 展览会。展览会是一种用固定或巡回方式公开展出工农业产品、手工业制品、艺术作品、图书、图片以及各种重要实物、标本、模型等，供群众参观、欣赏的临时性组织。它需要综合运用各种媒介的传播方式，通过现场展示和示范来传递信息，推销形象，是一种常规性的专题活动。展览会可运用文字说明、图片、宣传品、模型、实物、现场讲解、幻灯、录像、电影等各种媒介进行综合性的传播，有利于进行双向信息交流，取得生动、直观的效果。展览会是一种非常有效、直接的宣传活动，其宣传效果不同于广播、报纸、电视、杂志等传统媒体，而且收益价格比高于传统媒体，企业在展览会上可直接面对消费者和竞争对手，通过即时性的宣传与交流，立即获得市场信息和动态，可迅速统计出相关的市场资料，为企业制定以后的宣传目标及方案提供重要的依据。企业的参展目标通常是树立、维护公司形象，开发市场和寻找新客户，介绍新产品或服务，物色代理商、批发商或合资伙伴，销售成交，研究当地市场、开发新产品等。

6）记者招待会。记者招待会又称新闻发布会，是政府、企业、社会团体和个人把新闻机构的记者召集在一起，宣布某一有关消息，并让记者就此提问，然后由召集者回答的一种特殊会议。记者招待会权威性很高，所以极受媒体和公众重视，记者出席的人数越多，影响也就会越大。因为发布方一般都位尊权重，出于礼貌，记者通常很收敛，不会发生激烈的唇枪舌剑。记者招待会是企业用来广泛宣传某一消息的最好工具之一。

7）宴请。宴请是交往中最常见的交际活动之一。国际上通用的宴请形式有宴会、招待会、茶会、工作进餐等。举办宴请活动采用何种形式，通常根据活动目的、邀请对象以及经费开支等各种因素而定。为庆祝纪念日、表彰庆功、答谢使用者的支持等内容，有关部门常常要举办宴请活动。宴请活动并不是像一般人认为的，不过是吃吃饭而已。其实宴请是一项十分繁杂的工作，需要策划及公关人员熟悉掌握，认真对待。

8）交际舞会。交际舞会是以社交为目的的一种舞会。有计划地举办交际舞会，通过企业内部管理人员和职工之间的联谊，企业职工与社会大众间的联谊，不但可以使职工从中享受娱乐，同时也可以加深职工与管理人员之间的感情和企业与社会各界的友好关系。

策划的类型还可根据不同情况划分，需要特别强调的是，策划类型的区分并不表现为绝对的泾渭分明，井水不犯河水。各种不同类型的策划之间，实际上存在着许多交叉、重叠、包容或隶属等关系。

 **相关链接**

专题活动策划的特点

专题活动策划是指为达到一定的目的，在特定的时期与特定的场合下，使成为诉求对象的个人都能亲自体会到直接针对性的某种刺激媒介。这种直接性是报纸、杂志、广播、电视等大众传播媒介所不可比拟的。通常地说，专题活动策划有以下五个特点：

1. 现场性

诉求对象即专题活动的信息受众可以亲临信息发送现场接受信息，信息接受的环境和渠道相对集中和单一，故能有切身的体会和深刻的印象。

2. 可接触性

大多时候，现场活动由于其得天独厚的互动优势，可以直接让信息受众接触到信息本身。如展览会或博览会，一般都以实物展出为主，并辅助进行现场示范表演，或者请诉求对象本身加入对实物的体验，这种形象的方法，可以使参观展览的人身临其境，从而留下较为深刻的印象。

3. 情感传递性

较为高超的专题活动策划本身具有很强的综合艺术性，它引起了诉求对象的情感共鸣，可以融和并表达出信息受众的各种情感，并将单向传递企业、客户意图的举动变成了与人沟通、信息交互传递的行为。

4. 特定性

专题活动的地点、举行期限和时间都是特定的。在这一特定时期之内，可以获得高度集中和高效率的沟通。而一旦过了这个特定期，活动的效果和影响都可能大打折扣。

5. 社会文化性

专题活动作为一种综合性大型活动，常常是新闻媒介追踪的对象。可以利用这一机会大造新闻，扩大自己的知名度和美誉度，并利用这一难得的机会，广泛和新闻媒体接触，努力形成与新闻界的良好关系。

6. 文案写作的技巧

一台戏剧如果情节不错，但剧本写得拙劣呆板，这台戏就会索然无味。策划书的写作也是如此，唯有形象、生动才能吸引更多的人参与和支持。

(1) 简洁阐述

任何一个策划都有一个发生的环境，因此，在提出构想前，应分析设定对象层、公司（或客户）的优势及竞争对手的动向等。

(2) 生动描写

大型的策划是由许多构想共同组成的，这些构想一般围绕一个中心——策划主题而发生。因此，应生动形象地描写这一策划主题，使之对读者有吸引力。

(3) 详细展开

撰写策划书各分项内容时要详细展开，介绍各个环节的内容，做到细致、详尽。

(4) 遵从逻辑

在这一阶段，按一定的逻辑顺序，如时间、巨细、轻重或问题等顺序，详细地描述每一个构想。策划书要形象生动，还应视觉化，即要将策划书中的内容尽量用各种图表、实物照片来表示，从而给人以直观的印象。

7. 文案的基本品格

文案的首要品格是诚实，对诉求对象不欺骗、不愚弄。保持诚实是对消费者的尊重，对公司形象的维护，对文案人员职业道德的遵从。欺骗和误导是文案传递不真实信息的两种典型情况，常常是策略、创意与表现的有意"合谋"。文案应该坚持做到以下几点：

(1) 不直接提供服务的虚假信息。

(2) 不做不能保证兑现的承诺。

(3) 不使用模棱两可使客户产生不符合实际服务情况的印象。

(4) 不使用未经证明的权威证言。

(5) 不使用虚假的消费者证言。

8. 好文案的标准

评估是对策划文案尤其是商务策划文案的又一种评价。正如珠宝、文物、业绩需要评估一样，策划文案也需要价值评估，文案的价值不在于其文笔如何精彩，语言如何华丽，而在于其内核是否具有经济价值。经济价值的认定不仅仅在于创收创造，规避风险、应对灾难的策划文案同样具有不可低估的经济价值。好文案应当具备以下几个条件：

(1) 符合意愿。

(2) 展现创意。

(3) 真实可行。

(4) 精准传达信息。

(5) 诉求打动人心。

(6) 人性化。

(7) 有吸引力。

（8）简洁明了。

（9）文字有魅力。

 **技能要求**

撰写××书店集团70周年庆典策划方案

工作准备

1. 明确策划目标

做策划之前，一定要确定策划的目标，选择策划的侧重点。××书店这次70周年庆典策划的主要目的是激发员工在××书店工作的自豪感，整合书店多年来形成的经营作风、产品特色、服务概念、企业文化等无形资产，借庆典70周年的宣传活动，顺势将××书店集团统一设计的品牌形象、品牌标志以最快速度向社会公布，向企业内部员工渗透。

2. 确定策划主题

不是每个策划对象都能够在进行策划和策划执行之后达到目的，策划的实施要受到现实状况、策划者能力和预算等因素的制约。因此，在不同的策划中，要有效地确定策划的对象。围绕"对内强化企业文化建设，对外推广品牌建设成果"的宗旨，活动举办的口号定为"开拓创新、品牌制胜"。

3. 调研策划对象

策划主题明确之后，在着手思考策划构想、决定策划框架前，应对策划对象进行充分的调查研究，掌握必要的资料。在时间允许的范围内，对策划对象的调查研究越充分，就越能构想、创造出适合所需的策划书。

4. 全面把握策划对象

独特的策划不能脱离客观条件。要多看、多听、多问、多查、多想。时逢该书店70周年庆典，如何通过70周年庆典实现"××书店"品牌形象提升和建设，达到优势互补，是本年度×××地区××书店集团的一件大事。这就要求多到现场，亲自搜集情报，多接触、了解和策划案有关的各方人士的意见、期望和想法，如销售人员、消费者等；对过去的事例、经验、其他书店的做法、报纸杂志、网上资料等相关材料进行查阅等。

5. 了解现有资源

一个策划文案，说得再动听，如果脱离了现有资源就可能无法执行，成为一个无用的策划。在策划工作开始前，策划人员必须知道预算的大致范围，能够调动的人或者物品，如该案例中的各级书店门市都可以加入到对活动的宣传中，与当地媒体关系良好，集团总部对活动很重视，预算较充足等。

××书店集团 70 周年庆典策划文案样例

（1）封面

××书店集团 70 周年庆典策划文案

×××策划公司

2007 年 2 月 27 日

第 0068 号文案

（2）目录

第一部分　策划背景

一、活动开展需求背景

二、活动开展应遵循的原则与重要任务

三、活动开展的简要框架说明

第二部分　司庆活动规划

一、前期活动

策划一："辉煌七十年，焕发新风采"杯有奖知识大赛

策划二："稳健前行，开拓创新"——各地区××书店的员工代表游张家界、凤凰古城等地采风活动

二、现场活动

现场活动一：×××省××书店 70 周年店庆庆典仪式举办

现场活动二：著名画家、集团总部领导和员工代表现场泼墨献艺

现场活动三：记者招待会（主题为"辉煌七十载，再展新天地"）

现场活动四：招待宴会

三、后续活动

各级书店门市开展"创新经典服务"活动

第三部分　投入资源预测

第四部分　对外传播工作准备

第五部分　效果预测

（3）正文

第一部分　策划背景

一、活动开展需求背景

随着2006年××书店集团"双百工程"的全面完成，集团呈现稳健的成长态势，其公司品牌形象在行业中的地位得到了进一步巩固，成为×××图书发行行业中一支独具魅力的劲旅，发展态势喜人。由于××书店集团品牌体系的不完整性，为符合市场竞争的规律，2006年集团正式对全省各门市进行品牌的统一规范，以达到快速发展的业绩与品牌形象相匹配，保持"××书店"品牌固有的优势，同时再次将品牌在图书发行业界做最有效的文化提升。随着行业竞争格局的变化，图书发行行业将面临国际与国内双重竞争的压力，迫使全行业进入品牌竞争时代，要在这种竞争格局下胜出，必须前瞻性地将品牌体系及早完善，做到与时俱进。时逢××书店70周年庆典，如何通过70周年庆典实现"××书店"品牌形象提升和建设，达到优势互补，成为本年度×××地区××书店集团的一件大事。

二、活动开展应遵循的原则与重要任务

1. 原则

（1）本次活动必须办得富有特色，节约俭朴。

（2）必须表现公司精神，品牌文化。

（3）庆典活动与品牌形象的对外宣传达到优势互补，内外结合，以最经济的方式对外传播，扩大和加深××书店品牌的影响力。

（4）活动整体过程中，要从宣传实效性（新闻点）、趣味性、感悟性、激发性等方面切入。

2. 任务

（1）激发员工在××书店工作的自豪感，并让他们在公司70周年庆典开展之时体现出来，让全公司成员一起分享，让社会认可。

（2）××书店多年来发展起来的经营作风、产品特色、服务概念、企业文化等均已有所沉淀，将这些无形资产进行有效整合，可以为××书店品牌经营产生有效动力。

（3）借着庆典70周年的东风，顺势将××书店集团统一设计的品牌形象、品牌标志以最快速度向社会公布，向企业内部员工渗透。

三、活动开展的简要框架说明

举办时间：2007年4月24日上午

举办地点：×××省××大酒店（或待定）

参与人员：省委省政府党政领导、新闻记者、公司总部领导、各地区领导代表、客户代表、优秀员工等

注：客户代表为与××书店长年合作的重要客户

举办宗旨：对内强化企业文化建设，对外推广品牌建设成果

简要说明：

1. 企业文化是所有企业成功因素中唯一无法克隆的一个重要因素，企业管理、产品开发、人力资源等一切经营活动过程均可从中找到企业文化的影子。

2. 企业文化的建设因企业而异，各有特色，这是企业在每一个成长过程中累积下来的一种行为、心理思维模式；面对市场而言，产品同质化后面临的竞争模式即是品牌力竞争，品牌力的核心因素亦是品牌文化，××书店通过70周年庆典达到对品牌进行科学宣传和推广的目的，将有利于今后的企业在行业中的地位提高、产品推广，有利于经营资源的聚拢。

3. 品牌让企业变大，而企业文化却可以让企业变得伟大。两者结合统一建设，将为××书店品牌的延伸和长远战略发展打下坚实的基础。

活动举办口号：开拓创新 品牌制胜

简要说明：

1. 开拓创新，是××书店集团一贯的优良传统，更为具体的是，××书店在图书发行领域方面经过70年的发展，依然在行业中保持着领先地位，特别是2006年集团总部圆满完成了对全省各门店的改造，全面提升了卖场的整体形象，亮化了店堂，营造了浓郁的书香氛围，为进一步塑造品牌形象奠定了基础。这一切的成功均来源于企业开拓创新精神的着力发挥。通过本次庆典活动，将加强××书店企业文化宣传，扩大认知度、美誉度，树立品牌新形象。

2. 品牌制胜，是反映图书发行行业从数量竞争力时代发展到品牌竞争力时代的一种趋势。随着外国资本对图书行业的介入，加之民营书商经营管理现代化、品牌化的意识不断加强，××书店原有的品牌竞争优势将随环境的变化而逐步失去，摆在××书店面前的将是如何重新整合资源，开发出更具竞争优势的核心价值，不断维持品牌原有的影响力和竞争力，塑造出具有独特个性的、准确而有力的品牌定位，维护在图书发行行业中强势品牌的领导地位。

第二部分 司庆活动规划

一、前期活动

策划一："辉煌七十年，焕发新风采"杯有奖知识大赛

1. 目的

从知识竞赛入手，促使全省书店员工从学习的角度深入开展对公司企业文化、发展历程的回顾。对公司开展企业文化建设工程进行预热。

2. 效果预期

使全省书店的部分员工从活动的参与过程中较为系统地掌握××书店70年来发展、沉淀出来的企业文化,并在此基础上产生"店兴我荣,店衰我耻"的爱岗敬业精神,全面提升员工的服务意识和诚实守信的工作态度。

3. 开展模式

以各地区××书店为单位,由集团总部统一组织、命题、主持,各地区委派代表参与并建立拉拉队,展开现场问答为主、活动为辅的图书知识、企业发展历史、企业经营中涉及的问题等知识问答比赛。活动开展之前,由知识大赛领导小组统一召开活动开展的指导会议,讲解活动开展的全过程,介绍活动参与的队伍,普及教育企业文化活动开展的重要意义。

4. 注意事项

活动要求高层领导全程参与,使各地区管理店、经营店高度重视本次活动。

策划二:"稳健前行,开拓创新"各地区××书店的员工代表游张家界、凤凰古城等地采风活动

1. 目的

通过对名胜古迹的参观,激发员工代表的工作热情;加强内部交流,活化机制,缩小公司领导与普通员工、中层干部之间的距离。

2. 效果预期

通过活动本身,让公司领导与员工在同一时间参与同一项活动,使领导们以"普通人"的身份与员工们交流,了解员工,同时也可达到基层员工理解领导的效果。

3. 开展模式

(1) 采风活动。让员工代表与领导共同参与到活动中,提高凝聚力和向心力,寓意企业在和谐的社会大环境下,上下一心,同心同德,精诚团结,共同铸就××书店灿烂辉煌的明天。

(2) "同心"活动。员工代表共同组成××书店店标,一起喊出××书店品牌口号。

(3) 全体成员聚餐活动。

4. 注意事项

活动要求公司高层领导全程参与,各地区领导均应有代表参与。

二、现场活动

现场活动一:×××省××书店70周年店庆庆典仪式举办

1. 目的

发展回顾，展望未来。总结××书店70年来走过的岁月，回顾×××省××书店在这些年里取得的累累硕果，在新形势下向公司全体说明公司的发展前景，促进公司内部团结，从一定高度上加强企业内部的企业文化建设。

2. 效果预期

（1）全体参会人员再次重温××书店70年来的风雨历程，激起公司全体的再创业激情。

（2）演绎式的活动过程活跃公司气氛，使公司内部洋溢在喜庆的氛围之内。

（3）为建立健全公司企业文化体系做好前期铺垫。

（4）传达公司高层战略发展方向，统一公司全体员工思想，朝着公司既定的策略方向前进。

3. 开展模式

（1）××书店70周年庆回顾与展望讲话（各级领导讲话）。

（2）"七十载××节节高，幅重彩绘佳绩"，将××书店集团历史发展过程中的几个重大事宜作为会议中的重点进行回顾，同时表现形式可以是将发展过程中的几件重大事件绘成形意逼真的几幅画（统一命名为"让我们一起感动"系列风云写真），并在画上注明事由。会上，按报告进度将每一幅画抬上主席台与大家共赏。

（3）"让我们一起感动"系列风云写真企业文化展览牌颁发仪式。

（4）在该展板制作过程中制作两种版式，一种针对公司本部，另一种针对各级门市部。

（5）各市公司（地区店）提炼本区精神信条及组织好本部门方队，在大会上，由公司领导向各部门颁发写真画，每个部门共同喊出自己的口号及对公司或客户的承诺，以迎接本部门得到的写真画。

（6）各市公司取得风云写真后，在每个地区结合各部门文化与理念形成书店企业文化走廊，随时向员工、顾客传播企业文化。

现场活动二：著名画家、集团总部领导和员工代表现场泼墨献艺

1. 目的

向社会宣布：××书店集团从今天起，用更优的服务，更高的业务要求，全心全意为广大读者服务，用心打造以"读者至上，服务第一"文化理念为主要竞争力的品牌形象。

2. 效果预期

将企业哲学"厚义薄利，播文启智"定为企业文化与品牌文化的起源点，经过

此仪式，企业文化在企业内部得到传播，对外传播也将达到一个较高的起点。

3. 开展模式

庆典当日，邀请国内著名画家、集团总部领导和员工代表现场泼墨献艺。

现场活动三：记者招待会（主题为"辉煌七十载，再展新天地"）

1. 目的

通过记者的宣传报道，向社会各界广泛传播×××省××书店的辉煌历程、所取得的成就和今后的发展方向。由于庆典会上记者们处于被动地位，如要将这次隆重的庆典扩大传播，还需要为记者们创造一个主动发问的机会，以满足他们各自不同的评论角度需求，也可以最为有效地促进活动情况向社会传播。

2. 效果预期

让记者们多角度了解××书店发展历程，产生情感上的认同，为××书店的全方位宣传作贡献。

3. 开展模式

由出版集团领导代表、集团总部领导代表、员工代表出席，邀请当天与会记者参与，并于招待会之前将拟定问题交给记者，请记者们现场提问。

现场活动四：招待宴会

1. 目的

招待宴会主要目的是希望各级领导、客户代表与员工代表有一个近距离接触的机会，相互交流各自在经营管理等方面的需求、建议。

2. 效果预期

在较为轻松的环境下主客双方自由交流，达成对各自价值观的认可，有力推动各项业务工作。

3. 开展模式

在整个宴会过程中，开展一些丰富多彩的简单型文艺活动，让领导、客户们与员工代表同堂而乐，一方面展示企业文化，另一方面增加现场的气氛，为整体活动的结束画上一个圆满的句号。

三、后续活动

各级书店门市开展"创新经典服务"活动。

1. 目的

激励公司全体将"读者至上，服务第一"的企业理念融入公司的卖场管理建设中。

2. 效果预期

通过70周年庆典活动，全面提升员工优质服务意识和敬业精神，将集团总部加强品牌建设的工作落到实处，为品牌的打造建立基础。

3. 开展模式

（1）配合品牌规划工程，在对外的服务过程中不断创新，鼓励各级门市部及总部卖场员工仔细研究竞争对手们的优秀之处，结合自身工作实际情况，取长补短，传承公司"知信方圆，思行汇通"的企业形象，不断创新服务模式与挑战实践经营过程中遇到的问题。

（2）在集团总部的统一组织下，各级中心门市结合自身优势，展开创新服务模式大比拼，拉开公司内部软环境建设的帷幕，在总体的图书发行行业里独树一帜地创建××书店品牌新的竞争优势。

第三部分　投入资源预测

不同的操作模式会产生不同的投入资源。

场地费：现场场租

餐饮费：活动参与人员内部聚餐费、现场宴会费用

场景及相应配套设施费：舞台搭建、布置费用、设备租赁费用（音响、配音、背景音乐制作、舞美灯光）

道具费：活动中涉及的简单道具费用、活动过程中涉及的用品（如奖牌制作、企业风云写真画、现场ppt制作等）

奖品费：活动涉及的简单奖品费

礼品费：与会人员的赠送礼品等

差旅费：外地员工代表往返

记者宣传费用：广告费、润笔费等

接待费：贵宾车马费、住宿费、餐饮费等

注：具体费用待方案确定后再详细核算报批。

第四部分　对外传播工作准备

一、拟邀媒体

根据此次新闻会的主题，以×××日报、×××卫视等多家重要媒体为主，主要邀请在×××地区的记者，达到新闻传播的目的。

二、现场安排

1. 硬件设备、资料准备

（1）会场宣传物料设计及制作

1）发布会背景板，用于会场背景布置，突出此次新闻发布会主题。

2）新闻发布会记者区立牌，张贴于召开新闻发布会的记者列席区。

3）记者招待室，用于新闻发布会环节后与各记者交流专区。

（2）记者服务设备

1）会议宣传稿件（打印件、光盘）。

2）手提袋，用于放置所有给记者的宣传材料。

2. 现场人员安排

（1）签到区。专人接待负责确认到场媒体，做到开场前3分钟引导参会记者进入会场。

（2）现场服务。负责记者座位安排。在新闻发布会与交流访谈会之间负责对记者的引导。

（3）活动总体负责人。场内巡视，随时检查应对突发事件。

三、通稿（图片）准备

准备适量稿件，报道此次活动，方便各媒体记者发表。

××情、新历程——综合此次司庆活动的报道（"辉煌七十年，焕发新风采"杯有奖知识大赛、野外采风等活动振奋员工士气，通过宣传企业文化来深化品牌建设），并简单介绍××书店的历程，突出其悠远而雄厚的历史。主要介绍70年的发展之道，展望××书店更美好的未来。

稳健前行，开拓进取——各地区××书店的员工代表游张家界、凤凰古城等地采风活动，以行动立志创新，以行动加强奉献，以"读者至上，服务第一"的企业理念为广大读者服务。要说明××书店已经非常重视自身的服务体系改善和抓好品牌建设工作。此次司庆活动作为×××省××书店一个新的里程碑，向世人宣告，××书店正通过不断的服务改进和创新走向品牌化、国际化。

敦行致远，知名画家诠释企业文化——借对国内著名画家、集团总部领导和员工代表现场泼墨献艺活动的报道，突出"厚义薄利，播文启智"的企业哲学，用更创新的服务打出品牌战略第一仗，势必将在××图书行业掀起改革新风。

第五部分　效果预测

本次活动的总体策划思路主要建立在公司70周年庆典这一事件上，结合公司现实需求的企业文化提炼、品牌战略规划传播等，统一形成本次主题鲜明，侧重于表现企业精神、企业理念和品牌文化的系统型活动。整体活动有全程规划与细致执行，将在很大程度上体现出××书店的品牌文化与企业文化优势，向社会及业内告知，×××省××书店正式进入到以打造企业文化、品牌文化为核心竞争力的时代，同时也向企业内部宣传，公司内部将要掀起企业文化、品牌文化建设的高潮。公司将以"敬业创新，合作奉献"的精神励已励人，创新进取。通过记者们的对外宣传，将有利地传达出××书店的文化型战略方针区别于一般民营书商的运作，在社会评论界首先奠定品牌文化优势地位，突出图书发行业界的价值判断标准与审美标准。

学习单元2 修改策划方案

学习目标

➢ 熟悉策划的技巧
➢ 掌握与客户沟通的方法
➢ 能够明白无误地了解客户需求
➢ 能够熟练根据客户的需要修改策划方案

知识要求

1. 策划的技巧

策划是一个技巧性工作，策划人员要想寻找到更多的客户，就必须充分发挥这些技巧。技巧发挥的过程可以概括为搜集、整理、判断、创新。

(1) 搜集

利用各种方式，最大限度地将需要解决的问题的资料和相关资讯进行完整的"打捞"。搜集信息时可采取采访、调查等手段，获取丰富的第一手资料，然后以说或写的形式展示搜集到的成果。某些信息是在今后经营活动中经常使用的信息，如客户资料等，在使用过程中，要善于捕捉新的有价值信息，及时记录，对原来的信息资料要经常不断地补充和修正，提高信息的实用价值。总之，获取信息是策划创意展开前的一项重要准备工作，不管业务大小，都要熟悉和了解与开展业务有关的市场信息，使自己能尽快入"行"，少走弯路，在竞争中采取有效策略，立于不败之地。

(2) 整理

现今是信息时代，信息泛滥，社会上各种各样、真真假假、不同渠道的信息每时每刻都刺激着人们的感官，使人应接不暇，其中一些人或多或少地患有"信息消化不良症"。因此，作为一个策划人，既要善于收集信息，更要善于对来自不同渠道、以不同方法获取的信息进行加工、整理、合理保存、有效使用，才能使信息发挥应有的作用。对来自各方面的信息资料要认真筛选，"去伪存真，去粗取精"，去掉信息中虚假、不确切的成分，留下真实可靠、有用的信息；去掉信息中粗糙的、相关性不大的成分，留下有价值的信息。对精选后的信息要分类、分项加工整理，可以按重要程度、信息用途分类，也可以按信息来源分类。总之，整理信息的目的在于更好地保存、使用信息，加工整理的过程同时也是信息消化、吸收的过程。

(3) 判断

在整理的基础上，对问题首先做出定性化的判断。判断是认定优势和劣势因素的过程，也是决定策划是否值得展开或继续的前提。在信息时代，信息给人们带来了巨大的物质和精神财富，但极可能出现"有用的信息找不到，没用的信息一大堆"的情况。各类信息纷繁、鱼龙混杂、真伪难辨。只有会对信息进行鉴别和评价，才能将有限的时间和精力分配好，才能提高工作的效率，做到事半功倍。因此，信息的鉴别与评价，对于策划人来讲都是必须掌握的一项必要技能。对于信息，策划人可以从信息的来源进行判断，它强调从信息来源的多样性中确认权威、可信的信息源，从而鉴别信息的真实性；也应当从信息的价值取向进行判断，这强调的是不同的人所需要获取的信息是不同的，只有满足自己需要的信息才是有价值的；此外还可以从信息的时效性进行判断，这一点强调的是要注意不同的信息有不同的时效性。

(4) 创新

一旦判断策划可以展开或可以继续，就必须克服劣势因素、发挥优势因素，进而形成新优势资源，为问题的解决寻找新的方案。一般来讲，创新是指新事物以及产生新事物的过程，包括新思想、新实践、新事物。

2. 客户信息反馈

(1) 信息反馈的必要性

受众并不是完全被动地接受信息，而是在接受了信息之后，又向另一方传递反馈的信息，由信息的接受者变成信息的发送者。信息反馈之于信息沟通，其重要性犹如海上灯塔之于夜航的轮船，指引航向的明灯一旦熄灭，轮船就有触礁的危险。每个信息交流过程都是信息反馈和反馈之反馈的过程，如果置信息反馈于不顾，就等于驾驶轮船而不看航标、不顾航向。

策划人要时刻关注消费者对产品提供的信息，直接触及社会需要的脉搏。现代社会组织的生存与发展离不开信息，在激烈竞争的环境里，企业要保持自己的优势，作出正确的决策，就要掌握大量的信息。来自消费者的反馈信息是十分宝贵的。一个公关人员有没有收集反馈信息的意识，是工作效率高低的标志。从某种意义上讲，公关活动就是在信息反馈的基础上进行的，没有对反馈信息的准确把握，将导致盲目的行动。信息反馈的介入使公关过程具有双向性。企业可以凭借反馈，检验传播效果，随时调节、补充自己的策略、目标，以更好地达到"外求发展"的目的，使企业与公众在信息交流中实现真正的沟通。为了减少传播的无效性，还要注意收集"前馈信息"，即通过事前反馈——传播前了解消费者的愿望、要求、行为，据此制定正确的传播策略和决定信息的流向流量。信息是决策的基础，任何决策都以大量的有效信息为依托。实践表明，企业越是重视反馈，利用反馈，越是能够游刃有余，掌握主动，获得空前的发展。产品形象信息大多来自公众，产品信息反馈反映了消费者对产品的需求趋势，可以帮助企业赢得市场，有助于新产品的开发。

(2) 信息访问的形式

访问的形式可以多样化，可以是电话访问、网络调查等。

1) 电话访问。传统的电话访问就是按照客户档案卡，选择一个访问者，拨通电话，询问一系列的问题。了解客户需要解决的问题，做好详细记录并及时帮助客户解决问题。对有意向的客户定期或不定期地做好电话回访，但一定要把握好尺度，做到适度，打得太多了客户会反感，如果不跟踪，客户会逐渐淡忘。一般情况下，访问人员进行专门的电话访问，在固定的时间内开始面访工作，现场有督导人员进行管理。现在的很多访问人员都是经过专门训练的，一般以兼职的大学生为主，或其他一些人员。与客户的联系从业务一开始就要开始做，策划的内容、时间、主题都需要客户本身的参与，客户可能会有一些对策划不太肯定的地方，要记下他们的意见，整个活动如何展开，会有何种形式，客户自身也得非常熟悉。定期回访客户最好先准备好纸笔，拨通电话后直接说："您好，我是×××公司的×××，打扰您一下……"询问服务情况时多采用"贵公司（您）于××月××日接受了我公司的××服务，请问您在我们为您提供的这次服务过程中有没有遇到什么问题？"接下来就看客户怎么回答，如果说对公司提供的服务有异议，应用笔记下来，然后认真地解答。如果说没问题，在电话中道别的时候也应强调一下公司的服务电话，有问题可以随时联系，让客户感觉接受公司服务会比较放心。

在发达国家，特别是在美国，集中在某一中心地点进行的计算机辅助电话访问（CATI）比传统的电话访问更为普遍。目前在国内也有部分调查公司参与。计算机辅助电话访问使用一份按计算机设计方法设计的问卷，用电话向被调查者进行访问。计算机问卷可以利用大型机、微型机或个人计算机来设计生成，调查人员坐在CRT终端（与总控计算机相联的带屏幕和键盘的终端设备）对面，头戴小型耳机式电话。CRT代替了问卷、答案纸和铅笔。通过计算机拨打所要的号码，电话接通之后，调查员就读出CRT屏幕上显示出的问答题并直接将被调查者的回答（用号码表示）用键盘记入计算机的记忆库之中。计算机会系统地指引调查员工作。在CRT屏幕上，一个问答题只出现一次。计算机会检查答案的适当性和一致性。数据的收集过程是自然、平稳的，而且访问时间大大缩减，数据质量得到了加强，也不再需要数据的编码和录入等过程。由于回答是直接输入计算机的，关于数据收集和结果的阶段性和最新的报告几乎可以立刻得到。

2）网络反馈。是指在因特网上针对特定的问题进行简单调查设计、收集资料和初步分析的活动，为公司的服务改进提供数据支持和分析依据。利用因特网进行市场调查有两种方式。

①直接调查。直接调查方法是通过利用因特网直接进行问卷调查等方式收集一手资料，如某机构组织的调查"我国Internet现状与发展"就是在网上利用问卷直接进行调查，礼仪公司可以设计一个客户满意度调查问卷放在公司主页上，有些客户浏览到该界面的时候就会顺便填交一份问卷，在开放式问题答案的回收中就可以看到客户的一些建议和态度。也可以在公司网站主页开通BBS客户留言板，有些客户或者潜在客户可以通过这里了解更多的服务情况，也可以在这里提出自己的要求。对网站上的调查问卷和BBS留言板上的内容都要定时汇总并递交给相关人员。

②间接调查。间接调查方法是利用因特网的媒体功能，从因特网收集二手资料。由于越来越多的传统报纸、杂志、电台等媒体以及政府机构、企业等也纷纷上网，使得网上信息急剧增加，发现和挖掘有价值的信息已成为网上间接调查的关键。有些公司会将其最新的会展、婚庆开展事项公布在网络上，当策划人员很难创新时，也可以从同行业公司的类似活动中寻找一些启发，同时也做到知己知彼，一举两得。在网络反馈的过程中，公司也应该有专门的人员负责收集公司主页上客户的留言、其他公司的信息，再及时将这些信息上报给公司相关的管理人员。

3）电子邮件。最初客户来公司登记相关信息的时候就可以把客户的电子邮箱地址收集起来，在公司的服务结束后，可以利用发送电子邮件的方式向客户收集反馈信息。

应当讲究有关电子邮件的礼节。电子邮件是职业信件的一种，而职业信件中是不能有不严肃内容的。尤其在商界，崇尚信誉、掌握时机及合作分工，信奉顾客至上，着重与顾客的沟通，以促成客户购买公司服务与营利的目的。公司员工常忽视有关电子邮件的礼节，一些邋遢懒散的习惯很容易造成顾客对公司的不信任，影响公司在客户心中的形象。电子邮件应注意以下几个问题：

第一，标题要提纲挈领，切忌使用含义不清的词汇。如嘿或是收到。添加邮件主题是电子邮件和信笺的主要不同之处，在主题栏里用短短的几个字概括出整个邮件的内容，便于收件人权衡邮件的轻重缓急，分别处理。尤其是回复的信件，要重新添加、更换邮件主题，最好写上来自某某公司的邮件和年月日，以便对方一目了然又便于保留。电子邮件的文体格式应该类似于书面交谈式的风格，开头要有问候语，但问候语的选择比较自由，像"你好""Hi"，或者仅仅是一个简单的称呼，结尾也可随意一些，比如"以后再谈""祝你愉快"等，也可什么都不写，直接注上自己的名字。但是，如果写的是一封较为正式的邮件，还是要用和正式信笺一样的文体。开头要用"尊敬的"或者是"先生/女士，您好"。结尾要有祝福语，并使用"此致/敬礼"这样的格式。内容简明扼要，针对需要回复及转寄的电子邮件，要小心写在电子邮件里的每一个字，每一句话。因为现在法律规定电子邮件也可以作为法律证据，是合法的，所以发电子邮件时要小心，如果属于公司的商业秘密，千万不要写上，如报价等。发邮件时一定要慎重，还要定期重新审查发过的电子邮件，评估其对商业往来所产生的影响。

第二，一定要清理回复的内容。可以在寄信时采用匿名附件收信者（BC）代替附件收信者（CC）方式，或是在转寄之前删除一切无关紧要或重复的内容，例如，原件中摘要（memo to）部分的主题、地址及日期等。注意回答问题的技巧。当回件答复问题的时候，最好只把相关的问题抄到回件上，然后附上答案。不要用自动应答键，那样会把来件所有内容都包括到回件中。但也不要仅以"是的"二字回复，那样太生硬了，而且让读的人摸不着头脑。

第三，合宜地称呼收件者，并且在信尾签名。虽然电子邮件本身已标明了邮自哪方，寄给何人，但在邮件中注明收信者及寄件者姓名乃是必须的礼节，包括在信件开头尊称收信者的姓名，在信尾注明寄件者的姓名以及通信地址、电话，以方便收信者将来的联系。越是在大型的公司，越是要注意在自己的邮件地址中注上自己的姓名，同时在邮件的结尾处添加个人签名栏。人们通常会把邮件转发给过多的人，打开邮件箱可能发现有一半的邮件是与自己无关的，删除它们费时费力，所以在转发前要做一下整理，把邮件的数量控制到最少。条件允许的话要每天检查自己的邮箱，及早回复邮件。重要邮件发出后要电话确认。另外，重要的机密和敏感的话题不要使用电子邮件，因为它不能保证严守机密。

第四，切忌全文使用英文大写字母。这样写成的邮件太强势，甚至暗示寄件人不屑于使用正确的文法。毕竟，这仍是一种文字沟通方式，遵守标准的文书规范是一种职业礼貌。

手机和计算机是传递信息必不可少的传输工具，也是青年人的新时尚玩具，随着手机和计算机的日益普及，给工作带来了很多方便，但是也带来了职场礼仪方面的新问题。所以，掌握手机与计算机使用的礼仪，将是职场新式礼仪的必修课。使用手机和计算机的人多为受过教育，有一定层次和档次的人，如果不懂使用礼仪，会让人反感和讨厌，使自己的形象受到损害，层次下降。

获取、处理客户反馈信息并修改方案

工作准备

准备好记录工具，与客户通过电话或者网上联系方式取得联系。

工作程序

程序1　获得客户反馈

客户回访是一个周而复始、不断完善的过程，需要耐得住重复，忍得住单调。

（1）明确访问的内容与使命。致电该书店本次庆典活动负责人，向其询问策划方案、礼仪服务在市场上的表现，售前、售中、售后服务如何，市场推广政策执行效果，策划人员、主持人的表现，书店对公司的建议与意见，有无投诉等。

（2）了解一些书店发展的背景及最新动态，与其找到沟通的共同话题，通过自己的提高，强化服务水平，从而找到提升的成就感、事业感。

程序2　正确对待反馈信息

比如在这个过程中，如果对方对邀请省级卫视、城市电视台的众多记者前来报道有异议，认为成本太高，首先要耐心倾听对方的牢骚，并表示赞同，给予关心并代为打抱不平，再谈业务主题。

又或者，主持人在记者招待会上出现了一些失误，如没有准确说出总部领导的名字，此时对方需要的或许仅仅是一个真诚的道歉或者是关于某一问题的合理解释。针对已经出现的"怨气"，公司可以采取设立"顾客抱怨中心"等方式化解矛盾。另外在现场活动过程中对道具使用、费用的变动有异议时，要做以下几项工作：

(1) 清楚解释购买相关物品所需要的变动、准备工作以及相关费用。其中要包括最初的购买价格、用于准备工作的费用支出以及产品所需要的服务要求。

(2) 告诉客户如何使用相关工具，尽可能简短地介绍注意事项。

(3) 进行服务跟踪确保物品的正确使用。一定要确保书店的相关工作人员以及公司的服务人员都遵从原本的安排。

事实上，客户可能对公司提交的方案或者公司的服务给予否定的评价，可能会直截了当地告知"你们的价格太高了"，或者"这个方案操作起来太费时，我可不愿意把时间浪费在不紧要的事情上面"，这些并不意味着客户不认同公司提出的方案，只是客户对产品状况的一种评论而已。不要害怕客户对策划方案的否定性评价，不要总是想着"我希望客户不会注意到……"而应该以一种积极的态度去对待："我如果解决好他所担心的事情，那我就会赢得这笔交易。"如果意识到客户所说的是事实，那么最好的方法就是保持沉默，认真倾听。通常，当给客户时间说话时，客户说的话就不仅仅是刚才的评论，还会告知更多的信息，销售也就有了进展。如果沉默后客户没有接着说话，可以鼓励客户继续说明最初的评论，也可以问其他问题以期进一步促进谈话谈论关于进一步如何提供服务的进程。或者采取第二个备选策略，可以问："这就是您不想采取我们方案的原因吗？"然后就等着对方的回答。客户的答复就可以让自己清楚地知道，评论仅仅是一种对事实的陈述，还是不采用方案的原因，也许客户在乎的是价格和付款方式。

如果策划方案确实存在问题，可以承认方案并非对所有人来说都是完美的。不要掩饰方案中存在的缺陷，也不要对客户的负面评论火上浇油。如果客户说的是事实，不妨直说"我也听到别人这么说过"。

程序3 完善策划方案

主要是根据客户反馈得来的信息，对策划方案做出修改，比如事先没有设计员工代表采风的环节，但是在与书店方面的沟通中发现对方有这种意向，就可以把这一项目列入计划，添加到策划中去，还可以增加与采风活动相关的照片、通讯稿等。这一步是建立在反馈的基础上的，因此，能体现策划人和客户双方的共同意愿，修改后的策划方案一方面要与公司相关人员商量妥当，另一方面也要再向客户确认修改后的方案。

注意事项

1. 采取既规范又坦荡的态度

和客户在交流的过程中，要遵循公司的流程制度，不要擅自承诺不可能完成的任务，也不要唯唯诺诺，因为这是一个讨论的过程，也是一个谈判的过程。对于公司履行起来有很大难度的事情，也要勇敢地说"不"，并尽量说服客户改变过分的意图和不切实际的要求。

2. 多提问

设法保证让客户有机会告诉自己：他们喜欢什么，不喜欢什么，实际的活动日期，谁有权批准，他们喜欢用什么词语来描述他们确实准备购买的服务等。多提问能更充分地获得客户的信息。

3. 规定检查周期

要确定足够的检查周期，这样就不需要让客户在更改任务和修改计划之间进行选择。因为如果说客户错了，客户可以选择不再使用公司的服务。

4. 责任明确

在协议中规定履约的具体进度要求，其明确程度足以使客户了解不遵守协议的后果。客户往往是通情达理的，如果客户确切了解规则，一般很愿意遵守。例如，为某客户的婚礼预定了宴会厅，违约的话必须支付25％的违约金，若这样的规定在合同中已明确列出，客户就会同意支付违约金。

5. 获取客户信任

在一开始就应获得客户的信任，这是至关重要的。要使客户逐渐信任策划人。这样，一旦发生难以避免的意见不一致，可以使策划人有充分的进退余地，便于做好工作。应在难题出现之前，就把过去的成绩和他人的引荐通报给客户，这样做会比出现问题再设法补救作用大得多。

6. 向客户提出强迫性的问题

提出强迫性问题，"如果在××方面按照你的要求做，你会采用我们的方案吗？"同时认真列出一张单子，把对方的要求全部包括进去。强迫性问题的好处和优点很多，无论怎么强调都不为过。它可以迫使客户或潜在客户告诉策划人真正的想法，那会迫使其专注于和策划人的谈话，也会使所有的问题都提前暴露出来。

7. 向客户多提供机会，了解其肯定或否定的反馈

请一而再、再而三地问还有什么。再回头看看上述想法，多提问题，让潜在客户有机会多谈自己的想法。

8. 把一切都记录下来

与客户交往时要将纸、笔和书面的资料送到客户手中，同时将交流的内容记录下来。

第2节 考察现场

 **学习目标**

➢ 了解舞台艺术知识
➢ 熟悉现场调度的常识
➢ 掌握常用舞台设备的性能
➢ 能够检查礼仪活动现场空间布置是否符合策划方案要求

 知识要求

1. 舞台现场空间调度

(1) 舞台调度的概念

舞台调度是舞台行动的外部造型形式,又称场面调度。它通过舞台上人的体态,人与人之间或人与舞美的组合,通过人在舞台上活动位置的安排与转换,或通过一组形体动作过程,构成艺术语汇,使舞台生活形体化、视觉化。

舞台调度控制观众注意力,同时也帮助舞台上的人员捕捉特定情感和正确的舞台感觉。它具有较丰富的审美特性,是典型化的经过美学处理的形体造型表现形式,能揭示或表达一个相对独立的内容、概念,表达解释立意,有鲜明的感染力。

舞台调度越来越广泛地被运用在舞台创作领域,但是,运用最多的往往是在舞台上人员位置的转移和流动。位置移动当然应属于舞台调度范围,但不是调度的全部含义。如果把舞台视为一个画框,画框中静止的画面、运动的线条,以及由这些画面和线条所传达的内在含义、外部氛围,都属于舞台调度的内容。广而言之,舞台调度就是舞台艺术的视觉形象。

(2) 舞台调度的特征与要求

1) 饱含语言性的形体构图。体态表达心态,人体形态传导人物的心理信息,形成独特的体态语言。体态为表,心态为里,互为表里,形成一种体态语言。人物的体态组合又能揭示人物之间的关系。这些经过美学处理的体态组合,呈现出系列的流动画面。此时的主持人就像那些指挥着舞台调度的导演，在精心构思这些体态组合时，不仅要注重画面的语汇和寓意，还要注重画面的形式美，注重前后贯穿的递进关系，形成有层次、有节奏、有对比的画面系统。所以，处理舞台上出现的人物的体态构图，是主持人舞台调度的重要内容之一。

2) 具备行动性的部位移动。画面的变化，是靠台上人员的流动和重新组合形成的。舞台自身有八个面部朝向。纵向的垂直线——最富有力度，坚实、稳固，可以增加舞台的纵深感。向后行进郑重、肃穆，向前行进强化、推进，有影视镜头的推拉感；横向的平行线——弛缓、舒展、清晰，有拓宽台面的广阔感；斜向的对角线——尖利、富有棱角，向前行进穿插、冲刺，向后行进渐远、隐退，并有人物行动方向的暗示；太极图式的圆线——以台中为轴心，给人以周而复始的无限感；多样式的曲线——柔和、优美、飘逸，加大空间迂回的幅度，如果把曲线处理成强硬的转折，增加曲线的力度，会造成紧张、慌乱的感觉。线条自身的情感因素不是绝对的，它要和运行速度、动作力度、面部朝向以及音乐伴奏等因素综合运用，才能创作出理想的效果。同时还要通过长、短、断、连的不同处理和变化的运用，创造出丰富多变的舞台构图。

3) 重视统一性的空间处理。舞台调度不是孤立存在的，总是和舞台整体构图、布景设计构成有机的统一体，向观众展示剧情发生的客观环境。因此，主持人在进行调度构思时，要训练两套功法：一是要善于把握台上人员和布景、大道具的组合关系，创造出舞台的整体构图；二是要在空旷的舞台平面上，构思所需要的虚拟环境。使舞台人员身临其境，使观众信以为"真"。因此，主持人要善于展示自己的空间处理。在处理调度与空间的关系上，常常采用以下几种做法：

①以区位定点构成空间概念。所谓区位定点，就是择定环境变化的交接点。创作想象的发挥，台上人员技巧的运用，都必须建立在区位定点和空间概念形成的前提下，否则观众就不知所云。

②方向定位构成舞台的空间概念。所谓确定方向，就是使演出的人员有明确的行动走向，观众才会有明确的欣赏顺序。坐在观众席上来看，右出左入正和人们左起右止的书写规律相符合，合乎人们的视觉习惯。因此，许多舞台空间处理也都是右为来向，左为去向。来去方向要明确、要固定，而在来向和去向的中间地带则可模糊处理，可生发，可浓缩，是导演、演出人员灵活处理的区域。

③以演出人员的表演去展现空间处理。用表演交代环境，表演是实，环境是虚，表演是观众看到的，环境是观众联想到的，观众在看与想之间获得审美愉悦，而引发观众联想是富有生活特征的表演动作。这种对生活动作的提炼、变形的创

造，正是创作领域需精心设计，以促发台下观众想象力的。

4) 强调过程性的动作组合。调度是舞台行动的外部造型，因此，调度的构思与舞台行动的设计永远紧密地结合在一起。在处理行动过程时，要注意层次和节奏。主持人往往可以用新奇的动作组合吸引台下的观看者，以造成出其不意的效果。

2. 舞台灯光

(1) 舞台灯光的常用光位

要想做好专业舞台灯光的配置，首先要了解舞台灯具的常用光位，这是正确选用配置的一个重要环节。

1) 面光。自观众顶部正面投向舞台的光，主要作用是人物正面照明及整台基本光铺染。

2) 耳光。位于台口外两侧，斜投于舞台的光，分为上下数层，主要辅助面光，加强面部照明，增加人物、景物的立体感。

3) 柱光（又称侧光）。自台口内两侧投射的光，主要用于人物或景物的两侧面照明，增加立体感、轮廓感。

4) 顶光。自舞台上方投向舞台的光，由前到后分为一排顶光、二排顶光、三排顶光等，主要用于舞台普遍照明，增强舞台照度，并且有很多景物、道具的定点照射主要靠顶光去解决。

5) 逆光。自舞台逆方向投射的光（如顶光、桥光等反向照射），可勾画出人物、景观的轮廓，增强立体感和透明感，还可作为特定光源。

6) 桥光。在舞台两侧天桥处投向舞台的光，主要用于辅助柱光，增强立体感，也用于其他光位不便投射的方位，还可作为特定光源。

7) 脚光。自台口前的台板上向舞台投射的光，主要辅助面光照明和消除由于面光等高位照射的人物面部和下颚所形成的阴影。

8) 天地排光。自天幕上方和下方投向天幕的光，主要用于天幕的照明和色彩变化。

9) 流动光。位于舞台两侧的流动灯架上，主要辅助桥光，补充舞台两侧光线或其他特定光线。

10) 追光。观众席或其他位置需用的光位，主要用于跟踪演员表演或突出某一特定光线，又用于主持人，是舞台艺术的特写之笔，可以起到画龙点睛的作用。

(2) 常用灯具及特点

1) 聚光灯。聚光灯是舞台照明上使用最广泛的主要灯种之一，目前市场有1千瓦、2千瓦两种，以2千瓦使用最广。它照射光线集中，光斑轮廓边缘较为清晰，能突出一个局部，也可放大光斑照明一个区域，作为舞台主要光源，常用于面光、耳光、侧光等光位。

2) 柔光灯。光线柔和匀称，既能突出某一部分，又没有生硬的光斑，便于几个灯相衔接，常见的有0.3千瓦、1千瓦、2千瓦等。多用于柱光、流动光等近距离光位。

3) 回光灯。它是一种反射式的灯具，其特点是光质硬、照度高和射程远，是一种既经济又高效的强光灯，常见的主要有0.5千瓦、1千瓦、2千瓦等，以2千瓦使用最多。

4) 散光灯。光线漫散、匀称、投射面积大，分为天排散光和地排散光，常见的有0.5千瓦、1千瓦、1.25千瓦、2千瓦等，多用于天幕照射，也可用于剧场主席台的普遍照明。

5) 造型灯。原理介于追光灯和聚光灯之间，是一种特殊灯具，主要用于人物和景物的造型投射。

6) 脚光灯（又称条灯）。光线柔和，面积广泛。主要用于向中景、网景布光、布色，也可在台口位置辅助面光照明。

7) 光柱灯（又称筒灯）。目前使用较为广泛，如PAR46、PAR64等型号。可用于人物和景物各方位照明，也可直接安装于舞台上，形成灯阵，有舞台装饰和照明的双重作用。

8) 投影幻灯及天幕效果灯。可在舞台天幕上形成整体画面及各种特殊效果，如风、雨、雷、电、水、火、烟、云等。

9) 电脑灯。这是一种由DMX-512或RS232或PMX信号控制的智能灯具，其光色、光斑、照度均优于以上常规灯具，是近年发展起来的一种智能灯具，常安装在面光、顶光、舞台后台阶等位置，其运行中的色、形、图等均可编制运行程序。由于功率大小不同，在舞台上使用要有所区别。一般小功率电脑灯，只适合舞厅使用。在舞台上小功率电脑灯光线、光斑常被舞台聚光灯、回光灯等淡化，所以在选用上要特别留意。

10) 追光灯。追光灯是舞台灯光的灯具，特点是亮度高、运用透镜成像，可呈现清晰光斑，通过调节焦距，又可改变光斑虚实。有活动光栏，可以方便地改换色彩，灯体可以自由运转等。目前市场品种较多，标注指标方式也不一样，有以功率为标准的，如1千瓦卤钨光源、1千瓦镝光源、1千瓦金属卤化物光源、2千瓦金属卤化物光源等；也有以距离为标准的追光灯（在特定距离下的光强、照度），如8~10米追光灯、15~30米追光灯、30~50米追光灯、50~80米追光灯等。追光灯以功能上区分，有机械追光灯，其调焦、光栏、换色均为手动完成；还有电脑追光灯，其调焦、光栏、换色、调整色温均通过推拉电器而自动完成。在选用时一定要根据需要认真选用。

(3) 舞台灯光换色器

换色器的设计推广，极大地简化了舞台灯具的数量，减轻了灯光工作者的劳动强度，也节约了投资金额，所以它是目前舞台配置中不可缺少的器械，目前市场上主要有机械换色器和电脑换色器两种。

1) 舞台机械换色器。其设计简便，价格较低，为20世纪80—90年代中期主流产品，目前已接近于淘汰。

2) 舞台电脑换色器。舞台电脑换色器是近几年发展起来的新型换色器，采用国际标准和DMX-512信号输出，可由专用控制器控制，也可与电脑调光台连接使用，它有多模式、高精度、大容量、控制距离远等特点，成为目前市场换色器的主流产品。

(4) 灯光控制设备

目前市场上的调光器主要有模拟调光器和数字调光器。模拟调光器使用模拟调光技术，输出信号为0~10 V，一对一输出。一般模拟调光器设计简单，控制器路较少，调光曲线差，但市场价格较低，易于学会掌握，为20世纪70年代末到90年代中期的主流产品。常见的有3路、6路、9路、12路、18路、24路、60路、120路等，每路功率多为8千瓦，但也有2千瓦、4千瓦等，小路数多为一体机，大路数为分体机。数字调光器使用音片机技术，为DM512数字信号。数字调光台使用方便（特别是大回路），其调光功能、备份功能、编组功能、调光曲线等均优于模拟调光台，性能价格也比较合理，很受用户欢迎。常见的有12路、36路、72路、120路、240路、1000路等，每路多为2千瓦、4千瓦、6千瓦、8千瓦等。

在了解了灯位、灯具特点和控制设备及换色器后，就可以根据各自的特点、使用规模的大小、用灯繁简，因地制宜地设计出正确的使用方案了。

(5) 舞台灯光设计

舞台灯光具有视觉、写实、审美、表现四个要素。灯光具有四个可控制的属性，即亮度、色彩、分布和移动（指灯光的变化）。运用灯光的这些属性可达到清晰度、组合、形状显示、气氛四个目的。舞台灯光设计要充分考虑到活动范围，还要根据需要在合乎逻辑的原则下设计。一般说来，表演区应有长 12～16 米，宽 10～12 米的面积才能使台上的演出人员感到表演自如。灯光设计要满足大面积布光，避免出现灯光"盲区"，灯光布局对舞台人员和观众是一种语言。灯光设计人应充分运用灯光的语汇向演员和观众表情达意，在观众的心中产生"灯光无声胜有声"的舞台效果。再通过调整灯光角度和颜色，改变人的视觉效果。给观众一种美上加美的艺术享受，这项重要任务完成得好坏与布光、用色准确性的高低有直接关系。

光色是舞台美术表现空间造型的基础，光色的塑形效果不仅可以强调人物的表演、事件的时间、季节和环境的气氛，而且光色的明暗还能加强虚实的表现，有助于情绪感染，引起人们的联想。如果没有光色的效果，可以说舞台的演出将黯然失色。成功的灯光表现总是以其特有的明暗手段表现环境和突出人物，尤为重要的是以景托人。为此，一方面是通过舞台灯光的手段表现空间，即在有限的舞台空间里帮助表现剧本所需要的无限空间；另一方面则是随着演出的进展，在时间的延续中，利用灯光的明暗起伏、画面的光比、色彩变化（色彩前后对比）及表演区（光区）的改变等手段来加强戏剧演出的（流动）画面空间效果和灯光在场中的变化。这些表现手段可通称为舞台灯光节奏处理。舞台灯光在舞台美术的艺术创作中占据着十分重要的地位，光和色是舞台灯光设计者的重要表现手段。舞台灯光设计者通过舞台上的光与色，完成"灯光语汇"的功能。

在舞台灯光设计中选择光色应该从时间、空间、光源、布景、道具、服装、化妆角度来选择，从人物心理变化来选择。舞台的光与色，可以在舞台为中心的前提下，创造出新的形象、新的意境、新的天地。所以设计人员在用灯具时，一定要使用通过国家计量、质量检测的合格产品才能达到好的效果。

3. 舞台音响

(1) 音响设备

调音台分为录音室专用和舞台舞厅专用两种。调音台的作用包括拾取信号，放大，按需要进行高、中、低音的音调均衡，将信号按需要送入左右母线或进行编组控制，对送入辅助母线的信号进行艺术处理，按要求进行输出控制等。调音台可分为输入单元和输出单元。

输入单元是调音台的重要组成部分，输入单元是分路并联线路，每一路都大致相同，一般可以分为以下几部分：

1）输入选择部分。包括磁带、话筒和线路。

2) 输入衰减器（PAD）。如果话筒或线路输入信号的电压太高，而增益控制无法调整时，把衰减开关打开，这时在前置放大器和输入插座间就插入了一个 20 dB 的衰减器，可避免过载。

3) 输入增益控制（GAIN）。调音台的音源有话筒、乐器、磁带、效果器、扩声设备等。由于它们的输出电压各不相同，为了能够与它们相匹配，就要在调音台上利用增益控制对输入灵敏度进行调整。如果输入信号太大就会产生削波失真，反之，如果输入信号太小，噪声就会无法控制，增益控制就是用于保证调音台在固定的动态范围内工作的设备。在面板上增益控制电压大小的表示方法是以 0 dB＝775 mV 为基准的，根据音源输出电压的大小，设置在不同的位置上。输入信号与增益电压的对应情况如下：

增益（dB）＝输入信号

－60～－50 dB＝低电平话筒

－35 dB＝高电平话筒（电容）、电子乐器

－20 dB＝低电平线路（一般音响）

4) 信号输入插口。分为低阻平衡输入（LO—Z 卡侬）及高阻不平衡输入（HI—Z 二芯）。一般的乐器和音响设备的接法采用不平衡式，信号"＋""－"的其中一端和信号线的屏蔽层公用。例如，一芯屏蔽线，芯线是信号"＋"，屏蔽线是信号"－"和地线。这比没有屏蔽的平行线的感应噪声要少，属于简易型不完全屏蔽。专业音响设备的输入输出都采用平衡式，信号分"＋""－"传输，另外再接屏蔽线，"＋""－"使用独立的地线，插头使用卡侬 XLR 插头。

5) 过载（CLIP）。过载指示用于警告输入信号瞬间过载，指示灯将在峰值（信号过大发生失真的电压）电压下 3 dB 时发光，便于帮助设置增益开关的位置。

6) 输入均衡部分。输入通道均衡器用于对输入信号的音色进行补正，使其达到标准效果。由于是单路控制，所以调音台可以对每一路进行均衡控制，而不会相互干扰，其均衡分为高频（HIGH）、中频（MID）、低频（LOW）。"0"位置即平坦；"＋"方向（增益）；"＋15 dB"（增强 5 倍）；"－"方向（衰减）；"－15 dB"（衰减 5 倍），连续可调。

均衡器一般采用高音（10 kHz）、中音（均衡器的中心频率可以在 350 Hz～5 kHz 自由设定）、低音（100 Hz）三段式均衡器。由于各频率段都有独立的控制，因此，可以对输入的信号进行仔细调整，进而还能对音色调整作大胆的尝试，并且对于啸声、噪声等不必要的成分予以有效的去除。

7) 声相。声相旋钮用于调整信号的左、右平衡，位置处于通道电位器电压调

整之后。并且各个输入通道信号在第 1～2 组和第 3～4 组间声相位置定位也是由这个旋钮决定的。如果旋钮位置在中间,声相位置也在中间。旋钮调向左边,定位就在 1 或 3 组。旋钮调向右边,定位就在 2 或 4 组。

8) 监听发送(MON/SEND)。监听发送用来控制监听总线上输入信号的电压值,这个控制除了受增益控制以外,不受通道上任何控制开关的控制(包括通道音量的控制)。因此,发送信号与主母线信号相对独立。

9) 效果发送(EFX/SEND)。它包括一切周边设备,用来决定内部效果或外部效果中有多少信号加入到输入信号中去。它受均衡和音量衰减器的影响,因为每一个通道都具有其自己的效果发送,所以通过调整,可使一些通道产生效果,而另一些通道不产生效果。但要注意,内部效果和外部效果共用一个发送控制,所以它们应有同样的音源。

10) 预监听开关(PFL/CUE)。当本开关处于"ON"时,各输入通道的信号就可以在耳机里监听并在电压表上确认,监听开关的优先顺序要牢记。

(2) 声场设计

一个声场的基本设计应包括隔声处理,现场噪声的降低,建筑结构的合理要求,声均匀度的实现,声颤动、聚焦、共振、反馈等问题的解决,室内混响的正确计算。建声原则是混响合理,声音扩散性好,没有声聚焦,没有可闻的振动噪声,没有死声点。在观众席的各个座位上听到的声音响度应比较均匀。通过音质设计,应该能使观众席各个区域的声压级差别不太大。保证室内各处频率响应均衡,室内音响系统应保证各处频率响应均衡,如果室内存在声聚焦、死声点、驻波、声共振等声学缺陷,就会破坏频率均衡。

4. 舞台的其他常识

(1) 舞台摄影技巧

舞台摄影属于动态摄影,是对摄影者综合能力的考验。摄影者不但要有熟练的技术和敏捷的反应,同时摄影者的经验和音乐美学修养也会影响到拍摄结果。数码相机用于舞台摄影具有诸多优势。现场演出的拍摄以单反数码相机为主,傻瓜数码相机由于镜头焦距范围、对焦速度、快门时滞和存储速度的原因,不太适合舞台摄影。舞台摄影主体移动快,光线多变,自动化程度高的相机更利于抓拍,因而自动对焦和自动曝光的相机是舞台摄影的基本要求。镜头以 70～200 mm 为主(以 35 mm 相机标准),有必要使用遮光罩以降低杂光的影响。定焦镜头具有超大光圈,对舞台摄影的光亮具有很大的适应性。而变焦镜头构图灵活,能够拍出视角丰富的画面，但业余变焦镜头光圈较小，很多场景会得不到理想的快门速度，因而以大光圈变焦镜头为首选，如用小光圈变焦镜头不得已必须配合高感光度，但高感光度下存在噪声问题，会导致图像质量劣化。感光度视舞台的照明情况而定，一般在ISO 200～800，ISO 1600和ISO 3200下图像劣化严重，基本没有实用价值，在允许的快门速度下应尽量使用低感光度。白平衡一般使用自动挡，因为舞台灯光的色彩十分多变，拍摄中频繁调整是不可能的，更重要的是为了保留舞台灯光的特有气氛。

舞台摄影强烈反对使用闪光灯，一则照度有限，还会造成前亮后暗，二则掩盖舞台灯光的固有气氛，更会影响台上的人员和观众。相对于其他摄影题材，正确曝光是舞台摄影的一个难点。舞台灯光的变化不仅在于整体亮度的变化，更在于光线方向及各部分光比的变化。用点测光模式理论上可以得到最精确的结果，但要在舞蹈者或模特身上找到"中性灰"并紧追不放就较难了，更重要的是若主体在顺光和逆光间不断切换，仍须对点测光结果做出大幅度补偿。舞台摄影的最佳位置大多是第一排正中，既可以用长焦拍摄演出人员的特写，也可以用中焦拍摄数人的造型及广角拍摄整个舞台布景，更可以避免前面观众的阻挡。但也要看具体情况，如电视台的摄像机经常会架于舞台前乐池的中央，舞台前部的脚灯也会干扰画面，这时座位稍偏一些则可以避开。

如何选择一个适合的快门速度是拍摄舞台表演应有的知识。通常拍摄此类题材（如舞台摄影），会使用一个较高的快门速度（通常不会少于1/180 s），以快门先决的方式拍摄。因为舞台表演者的动作快，不用高速的快门难有稳定的影像。当然可以调高DC的ISO值，但一般的数码相机当调到ISO 400的时候，噪点已经很多；较好的相机，可以用到ISO 800，再调高效果就不好了。此外，近年来数码相机也引入了防震技术，在这种情况下，一定要打开防震功能，这有助于照片结像的稳定性。此外，应当选择好的拍摄时机和位置。和传统的胶片相机相比，数码相机对于太亮和太暗的表现不太好，拍摄这类光暗分明的舞台表演，更要多加留意。在大多数情况下，应使用相机的"重点测光"，当然不是适合于所有情况，必须随机应变。

(2) 舞台机械知识

舞台机械是舞台设备的主干，是舞台调度的重要组成部分，对舞台幕布、舞台灯光的设计起至关重要的作用。舞台机械设计的好坏直接影响到舞台的整体效果，而且舞台机械设计和安全也有很大的关系，舞台机械主要由舞台吊杆组成，包括幕布吊杆、灯光吊杆和景物吊杆。舞台吊杆分为电动和手动两种，它主要用于悬吊和升降各种幕布、灯具、布景等物，是上下左右频繁移动的机械，所以吊杆也是关乎舞台安全的主要机械。电动吊杆的作用可以降低工作人员的劳动强度，起到事半功倍的效果。

 **技能要求**

检查活动现场空间

工作准备

接待事务、视听器材、主持人、酒宴茶点等

工作程序

程序1　检查现场的灯光

礼仪主持人应当能独立控制现场灯光，检查监督灯光装置并敏锐地发现问题、处理问题。灯光是一个较灵活及富有趣味的设计元素，可以成为气氛的催化剂，是一室的焦点及主题所在，也能加强现有装潢的层次感。在本案例的招待宴会上，可以使用直接灯光与间接灯光两种。如吊灯及射灯等，光线直接散落在指定的位置上，投射出一圈圈的光影，作照明或突出主题之用，直接、简单。间接灯光被置于壁凹、天花背后，或是壁面铺饰的背后，光线被投射至墙上再反射至地面，营造柔和的环境。

宴会厅中，灯光更为重要，白色灯光由于太硬，是不可取的，黄色灯光比较好。灯光不宜太亮，判断灯光亮度的标准，一般室内不能比室外亮；在晴天的情况下，室内比室外暗1/3左右比较合适。如果要举行烛光仪式的话，就要求灯光是可以调节的，至少应该是分路的。

程序2　检查现场的场景布置

场地布置没有固定模式，更多的只能依照经验结合具体环境进行布置。

（1）宴会厅

1）一般宴会厅比较高档，本身已经非常漂亮了，不必过多布置，哪怕用最好的布艺背景装饰，也多不能与其相媲美，只需在司仪主持人处稍有点缀，就可以了。

2）布置一定要和宴会厅原有的风格相匹配。

3）背景不要太繁复，过于繁复的背景反而使人眼花缭乱，而忽视活动的主角。

4）背景上的人物，不管是大幅的还是海报式的，都不适合放在司仪区的任何一个角落,这样会使礼仪主持人和活动主角的真实形象冲突,甚至会造成真实形象比不过照片形象的反差,或者反之,这都是不妥的。

(2) 花艺

1) 从美观的角度来看,鲜花未必见得比质量好的假花漂亮。质量好的假花往往仿制的是"鲜花最美的那一刻",而鲜花由于是自然的,所以一定会受到自然的影响,很可能出现打蔫、泛黄、枯萎的情况。

2) 鲜花受到季节、产地等方面的影响,也受到供求的影响,所以不一定能达到预想的效果,使用时会受到种类和时价的限制。

3) 鲜花的成本往往是(租)假花的几倍甚至几十倍,在宴会现场采用全部鲜花的布置往往会提高成本。最好的办法是鲜花与假花"合作"。因为舞台上的花被人触及的机会相对少,所以可以在舞台上使用假花,而桌花使用真花。

程序3　检查现场的音效

音响配备很有讲究,首先要看酒店是否能提供无线话筒(至少两个),音乐和话筒应该分路,音乐的调节和话筒的调节相互不能影响。话筒不能沙哑,不能有啸叫,还要能带混响效果,这样讲话的时候就会有整体效果,弥补自然声音的不足。

> **特别提示**
>
> 好的音响效果对主持人非常重要,常常可以使主持人有超水平的发挥,从而使整个活动增色增辉。如果酒店的其他方面都比较合适,而仅仅音响效果不好,可以考虑自带成套音响设备,自行调节。

程序4　检查座位的安排

(1) 饮宴座位

中国的饮宴礼仪始于周公,千百年的演进终于形成今天大家普遍接受的一套饮食进餐礼仪,这是古代饮食礼制的继承和发展。我国的饮食礼仪因宴席的性质、目的而不同,不同的地区也是千差万别。总的来讲,座次是"尚左尊东""面朝大门为尊"。宴会厅内均为圆桌,正对大门的为主桌,应该安排政府主要党政领导、公司总部领导就座,左手边依次为2、4、6……右手边依次为3、5、7……直至汇合。桌与桌间的排列讲究首席居前居中,左边依次2、4、6席,右边为3、5、7席,根据主客身份、地位分坐。

(2) 会场座位

排列座次有几种规则。凡要正式公布名单的，可按照名单先后顺序排列座次；若按照选举得票多少排列座次，得票数一样的，应以姓氏笔画为序排列先后次序。可以按照姓氏汉语拼音字母字头为序排列先后，也可以按照姓氏笔画为序排列座次。

排列座次的几种方法如下：

1) 横排法。即按照公布名单或以姓氏笔画为序从左至右依次排列座次，先排出席会议的正式委员（代表），后排候补委员（代表）。

2) 竖排法。即按照各代表团成员的即定次序或姓氏笔画沿一条直线从前至后依次排列座次，正式代表在前，候补代表在后。每个代表团的排列次序按固有顺序从左至右排列，或以会场中心座位为基点，向两边交错扩展。

3) 左右排列法。即按照公布名单或以姓氏笔画为序，以会场或主席台中心为基点，向左右两边交错扩展排列座次。中国传统习惯以左为上，排在第一位的居中而坐。以此为基点，其余的以居中者的左手方为第一顺序，一左一右，依次排列。

程序5　检查现场环境

（1）合适的室温

通常来说，适当的室内温度为18～23℃，过冷或过热都会影响会议效果。

（2）洁净的空气

现场要注意通风，保证室内空气新鲜。

思　考　题

1. 策划人应具备哪些基本的能力与素养？
2. 策划有哪些基本特征？
3. 如何处理好客户的信息反馈？
4. 怎么做好一个婚礼的现场调度？
5. 如何撰写一份企业开业庆典策划方案？

第 2 章
程序推进

第 1 节 导入开场

 学习单元 1　媒体的教学特性

 学习目标

- 掌握中小型、一般或较高规格礼仪活动的特点
- 熟悉动态导入语的要求
- 掌握导入开场的方式
- 能够有机运用动态的导入语开场，并准确掌控时间

 知识要求

1. 中小型、一般或较高规格礼仪活动的特点

如果举办方因为财力、精力、人力有限不想采用大型活动的规模，但又因为人数、举办初衷的要求，不适合举办小型活动，那么，中小型、一般或较高规格礼仪

活动就介于两者之间，是很多举办方折中的选择，也是运用比较广泛的。

(1) 规格一般

各种各样的活动都可采用中型规模的形式，像中型会议、中型晚会、中型表彰会等。中型规模的形式比较灵活，大型活动的一些因素如果合适也可以拿来用，小型活动好的优点也可以采纳。

(2) 程序简单

它既不像大型活动那么繁复，又不像小型活动那么简单，对于只是想搞一般礼仪活动作为纪念的主办方来讲，中型活动的程序可以自行决定，主持人也要搞清程序的内容，以便更好地在现场发挥。

(3) 时间适中

中型活动最显著的一个特点就是时间方面，了解此次活动的时间问题对于主持人的时间把握是非常重要的，因为在现场，主持人是时间的推进者，每项活动的进行都靠主持人的掌控，在活动进行节奏太快时，主持人可以舒缓一下气氛，活动进行太慢时，主持人可以调整一下节奏。

2. 礼仪主持人动态导入语

(1) 动态导入语的要求

礼仪主持人三级相对礼仪主持人四级对导入语的要求又进了一步，礼仪主持人四级只要掌握常规导入语，通过自己良好的普通话，在现场正常表现出来即可。导入语可通过很多例子来借鉴，由于是主持小型活动，导入语的结构可以不是很完善。礼仪主持人三级不同，它除了要求主持人的基本功之外，对于导入语的各个部分、结构层次都有了进一步的规范，有的内容必须在导入语中出现，而且出现的内容要有一定的格式安排。

1) 话入主题。导入语是围绕主题展开的，主题是它的轴心，所有的话都要与主题相关，这里的"话"可以用优美华丽的辞藻来做铺垫，当然这要视活动的性质和场合而定。

"话"可以是主持人自己的所感所言，也可以直接切入主题。如果导入语的前面部分要做很多铺垫，要注意时间的限制，进入主题时间较快的一般是会议性的活动，进入主题较慢的一般是文艺活动，但也不可过于冗长，给人故弄玄虚的感觉。

以下是几个相关的例子。

例 2—1

女：尊敬的各位领导，现场的观众朋友。

男：亲爱的女士们、先生们。

合：大家好！

女：走进火红的7月，带着无限的喜悦，县委机关的干部职工欢聚在这里，举行"××县第15期广场文化周活动"。

男：聆听铿锵的号角，华夏儿女即将迎来建军78周年纪念日。

女：78年峥嵘岁月，78载光辉历程，党领导下的人民军队在革命和建设的伟大实践中，浴血奋战，赤诚奉献，建立了彪炳史册的丰功伟绩。

男：今天，我们怀着无比崇敬的心情，向为×城的经济建设和社会繁荣保驾护航的人民解放军、武警官兵和政法干警致以最崇高的敬意！（鞠躬）

女：我县的广场文化周活动，在县委、县政府的高度重视和各部门的通力协作下，已经成功举办了14期。

男：广场文化周活动活跃了广大居民的业余生活，激发了广大居民参与活动的积极性，形成了全民参与、共创文明生活的良好氛围。今晚，我们有幸请来了县上四大班子的在家领导。

女：让我们以热烈的掌声对各位领导的亲临指导表示衷心的感谢！（演出开始）

例2—2

各位领导、各位来宾、朋友们，上午好：

秋光绚丽，金风送爽。在举国上下喜迎共和国建国56周年之际，在全市工会组织深入开展建设"职工之家"活动的热潮中，市职工会在这里举行"职工之家"演讲比赛。让大家欢聚一堂，共同展示"建家"成果，交流"建家"经验，共迎"国庆"佳节。在此，我代表市职工会向出席本次比赛现场的各位领导、各位来宾表示热烈的欢迎，向关心、支持本次比赛的×市热电厂表示衷心的感谢！

例2—3

男：尊敬的各位领导。

女：亲爱的观众朋友们。

合：大家晚上好！

男：又是一个激动人心的夜晚，此刻，由××有线电视台主办、《×××·×××》栏目承办、自然美钻××专卖店冠名的"×××"钻石小姐大赛总决赛暨颁奖晚会正式拉开了帷幕。

女："钻石小姐"——一个美丽、幸运、荣耀的名字。都说××山美、水美，人更美，我们的钻石小姐们进行着的正是一场美丽的角逐。我们有理由相信这是一场美的盛会，也是一场时尚与经典的荟萃。

例2—4

尊敬的领导，亲爱的老师、同学们：

大家好！

一曲《开门红》，拉开了我们计算机与信息学院《e时代》文艺会演的帷幕！

从1996年5月我系的诞生到2003年9月计算机与信息学院的成立，我们走得坚定、昂然！

从蒸蒸日上的教学科研到形式多样的思想道德建设，我们做得敬业、勤恳！

从精彩纷呈的专业技能比赛到寓教于乐的文明上网，我们学得灵活、轻松！

从秀丽多姿的菱湖之滨到磅礴巍然的龙山凤水，我们的希望飞得越来越高！

本次文艺会演是我院首届文艺会演，目的在于丰富大学生课余文化生活，陶冶情操，树立诚信理念，做诚实负责任的大学生。

今天，我们非常荣幸地邀请到了……

一同前来的还有院直属机关……

请允许我们代表计算机与信息学院全体师生员工向你们的到来致以热烈的欢迎！

例2—5

各位领导、各位来宾，观众们、朋友们：大家晚上好！

一年一度春光俏，今年春花特妖娆。为有平安值千金，众志成城气势高。警民联动布天网，××湾畔风雷闹！我们××是温州模式的发祥地，有多少事为天下先，有多少弄潮儿向涛头立。这山不是过去的山，这梁不是过去的梁，可富裕起来的老百姓一直有着不变的渴望，那就是永远幸福安康，永远平安和祥。要发展，稳定是保障。群众的呼声就是我们的第一信号！市委、市政府及时推出了"平安千村工程"，细部署，广发动，群防群治建新功！

多少事，从来急，一万年太久，只争朝夕。正是这种精神，激励着我们，促使"平安千村工程"在过去的一年里取得了斐然成绩。现在，让我们请出××为我们说几句话！

今天的晚会，既是一次表彰的盛会，为那些做出了突出贡献的人们系上荣誉的绸带；更是一场决心的展示，我们的力量将成为罪恶不能逾越的高山，述说平安××，祝福××平安！

2) 人人主题。这里的"人"是来参加活动的人，介绍光临嘉宾是不可缺少的部分，这是对嘉宾的尊重和对领导的重视。如果没有很重要的人物，进行全体大扫描似的一带而过也是可以的，在一些活动中比较常见，像直接称呼"现场的朋友们""某某单位的朋友们",如果需要介绍嘉宾,主持人一定要和主办者沟通,介绍的顺序不能搞错,更不能粗心忽略一两个来宾。

以下是几个相关的例子。

例2—6

尊敬的各位领导、各位来宾、各位家长朋友们,以及现场的老师、小朋友们,大家好!

激情的5月,我们怀着兴奋与喜悦的心情,迎来了×××中心幼儿园10年园庆的盛典。在此,我代表幼儿园向莅临大会的领导、来宾表示热烈的欢迎!向关心、重视幼儿园建设和发展的镇政府、镇教育主管部门、村委的领导以及社会人士表示衷心的感谢!

回顾过去,我们幼儿园走过了风风雨雨整整10年,并始终勇立潮头。在各级领导的亲切关怀指导下,全体员工的积极努力下,取得了一个又一个阶段性成果。×××中心幼儿园成为县规模最大的镇中心幼儿园,历年被评为市现代化达纲学校、五星级幼儿园、省示范性幼儿园、巾帼文明示范岗等。

展望未来,作为一个有着10年教育事业的学校,我们将以"一切为了孩子"为办园宗旨,以"可持续发展"为目标,开拓创新,搞科研,强师资,开创双语特色。在保持并持续加强与各界朋友良好合作关系的基础上,不断拓展新的服务教育内涵,以更为丰富、更多层次的教育体系为广大幼儿提供全面而优质的教育服务。在重视幼儿德育素质、文化素质、体育素质的前提下,突出艺术、双语、科学、心理健康教育等办学特色。

例2—7

女:尊敬的各位领导。

男:各位来宾。

合:大家好!

女:满载着丰硕果实,2005的××扬帆远航。

男:托举着美好蓝图,与时俱进的号角齐心吹响。

女:昨天我们挥洒汗水,创造了一个个奇迹。

男:今天我们欢聚一堂,把胜利的喜悦品尝。

女:××处处春潮涌,××大地披新装。

男:招商引资谋发展,小康路上创辉煌。

女:值此喜迎中华全国总工会成立80周年和五一国际劳动节来临之际。

男:我们××区总工会特地组织了这台精彩的文艺演出,以此展示我们××广大干部群众昂扬向上的风采，进一步丰富和活跃××人民的精神文化生活。

女：同时，这也是一份最诚挚的节日问候和最美好的节日祝福！在这里，让我们衷心地祝愿××区广大职工朋友们：节日快乐！

例2—8

尊敬的各位领导、各位来宾、观众朋友们：

大家下午好！在丝丝的秋风里，我们迎来了金色的9月，9月是个收获季节，在这样一个富有寓意的季节里，×××局"我喜爱的一本书"职工读书活动也迎来了收获的季节。今天，我们就在这里，相聚一堂，分享这份收获的喜悦。

×××局职工读书演讲比赛，现在开始。

例2—9

各位领导、各位来宾、同志们：

你们好！在2005年春节即将到来之际，我们特邀×××籍在京人员欢聚一堂，开展这样一次特别的联谊活动，目的是要为在北京工作的同乡搭建起一个资源和信息平台，建立×××同乡与家乡之间联系、沟通的桥梁，促进同乡间的联系、交流和互助。首先我介绍一下我们一行的7位同志：×××县委副书记、县长、县政协主席×××同志，县人大常委会主任×××同志，县委副书记×××同志，县委常委、常务副县长×××同志，副县长×××同志，县政协副主席×××同志。

在筹备本次联谊会的过程中，得到了各位同乡的积极响应，大家不仅献计献策，而且在人力上、财力上、精神上都给予了实实在在的支持，各位同乡用实际行动表达了对家乡的热爱和关切。请允许我代表×××县"四大家"领导班子和×××60万父老乡亲对各位的到来表示最热烈的欢迎和最衷心的感谢！

例2—10

女：各位领导，各位来宾。

男：亲爱的老师，同学们。

合：大家好！

女：硕果累累的金秋，我们迎来了共和国58周年华诞，同时也盼来了××中学15周年校庆的喜悦。

男：15年风雨，我们同舟共济。

女：15岁的青春，我们朝气蓬勃。

男：今天，我们欢聚一堂，共同庆贺母校15岁生日。

女：让我们载歌载舞，送上对母校最真诚的祝福。首先，有请我校民乐队为我们拉开庆典序幕！

3）情人主题。导入语是推进活动的第一步，一定要在导入的一瞬间就抓住现场，这里的"情"必不可少。这种情也是根据活动的基调决定的，不能"表错情"，严肃的会议不能含情脉脉，热闹的联欢不能一本正经，在导入的第一时间主持人如果"情"没有恰到好处，开场就不够吸引人了。

以下是几个相关的例子。

例 2—11

男：尊敬的各位领导。

女：各位夕阳美同仁们。

男：大家（合）下午好！

男：歌声澎湃，群情激昂。

女：暂别了节日的欢乐和喜悦，我们又迎来了新年的希望与挑战。

男：在过去的一年里我们收获了累累硕果。海阔凭鱼跃，天高任鸟飞。

女：每一位夕阳美人都深深感受到，在夕阳美这个大家庭中，生活更充实了，激情更饱满了，未来变得更加有希望了！

男：夕阳美的爱心在传播，夕阳美的事业在发展，夕阳美的队伍在壮大！

女：今天，又有一支生力军加入到了我们的行列中来。让我们夕阳美的老员工们用我们最热烈的掌声欢迎他们。

男：此时此刻，他们已经着好工装系上领带，也让我们一起从这一刻起，带上满怀激情、（女）信心与希望、（男）光荣与梦想。

女：我们从此肩并肩！

男：手挽手！

女：心相连！

男：让夕阳美之花开得更加绚丽，更加灿烂！

女：让我们整装待发，迈着坚强有力的步伐共同创造美好的明天！

男：我宣布夕阳美2005年春季员工大会——

合：正式开始。

例 2—12

尊敬的各位来宾、各位朋友，大家晚上好！

金秋10月，篝火燃放。

10月金秋，歌声嘹亮。

在这收获的季节里，

在这喜庆的日子中，

欢迎您来到金桂公馆酒店，

来到我们的篝火晚会现场，

今晚，让我们一起高歌、一起舞蹈、一起狂欢！

例 2—13

亲爱的各位朋友、各位嘉宾，大家晚上好！（如有团体出现，一一问好）

母亲节就要到了，今天晚上，我们老三届艺术团和大家欢聚一堂，在这里隆重举行《献给妈妈的歌》主题晚会！

在今天这个晚会上，我们还非常有幸地请来了一位 70 多岁的老妈妈和两个孩子。（你好，老妈妈，感谢您的到来！你好，孩子，谢谢你！）他们将和我们一起共庆母亲节。（放掌声录音）

有一份伟大叫母亲，有一份依恋叫妈妈。母亲——亲爱的妈妈，您是太阳底下最光辉的形象。多少年风风雨雨辛酸苦辣，你曾经经过，多少年默默承受无闻付出，您从不问收获。好想抹去你心底的伤痛，好想抚平你脸上的皱褶。

三江四海五湖水，淌不完母亲对儿女的冷暖情长；三山四岭五岳松，抒不尽儿女对母亲的孝心敬意。值此母亲节来临之际，让儿女们把心底的颂歌献给您——亲爱的妈妈！老三届语聊室《献给母亲的歌》主题晚会现在开始。

例 2—14

男：各位选手、各位评委。

女：尊敬的各位领导、各位来宾。

合：大家下午好！

男：寒风瑟瑟，熄灭不了青春燃烧的火焰。

女：冬雪飘飘，掩盖不了歌声释放的热情。

男：让青春与青春对话！

女：让歌声与梦想齐飞！

男：为迎接 2005 年元旦，进一步活跃医院文化氛围，丰富团员青年的文化生活，我院团委组织了本次杏林春声卡拉 OK 大赛。

女：可以说我们今天的比赛是成功的，也希望在以后的活动中，大家还踊跃参与。

男：这次活动丰富了我们的业余文化生活。最后感谢评委团以及工作人员的辛勤努力，也感谢到场的观众朋友的热情。

女：祝大家工作顺利，生活愉快！

例 2—15

女：鸡鸣天下生紫瑞，起舞人间沐春晖。

女：各位尊贵的来宾，各位亲爱的伙伴们。

男：在座的所有朋友们。

合：大家晚上好。

女：我是来自××公司广西分公司业务部的××。

男：我是××公司的一名普通营销人员，我叫××。

女：首先给大家拜一个晚年，祝大家身体健康！

男：阖家幸福！

女：事业兴旺！

合：万事如意！

女：刚刚过去的2004年，是××公司承前启后，成就非凡的一年。在这一年里，公司各项业务稳健发展，在一些重大领域中，更取得了令人瞩目的成就。

男：喜悦伴着汗水，成功伴着艰辛，遗憾激励奋斗，我们不知不觉地走进了2005年，今天，让我们欢聚一堂，共同畅想美好的未来！

(2) 导入方式

从以上例子中可以总结出以下导入开场的方式。掌握这几种不同风格的方式，有助于在学习的过程中，尝试不同的写作方法，根据不同的活动性质决定使用不同的导入开场方式，所以，在使用的时候要综合多种因素，才能决定采用何种导入的开场。

1) 开门见山，直切主题。这种一般是在会议中使用，言简意赅。很少在晚会中使用，会给人很直白的感觉。

2) 抓住重点，择要推荐。抓住活动的主要目的和重点。如果活动的目的是要感谢，那么重点感谢的对象是谁要搞清楚。

3) 触景生情，借景抒情。以情感动人，让在场的人在情感上产生共鸣是经常运用的方式。

4) 以小见大，以事醒人。这种方式一般在动员大会或表彰大会中使用，突出公司的成绩、员工的努力，激励其他员工的劲头。

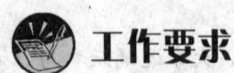
工作要求

为某公司春节年宴写一篇导入语

工作准备

1. 搜集公司的相关资料。

2. 查找两人主持词的写作特点。

3. 了解年宴的规模及程序。

4. 了解参加活动的人员成分。

5. 借鉴范例。

工作程序

1. 汇总所有收集到的资料。

2. 写导入语大纲。

3. 按顺序试写导入语。

4. 修改完善。

5. 润色修饰导入语。

注意事项

1. 体现出欢快的气氛。

2. 两人主持词应体现互动。

3. 把握准基调，要包括感谢和祝愿。

×××公司春节年宴导入语样例

女：各位远道而来的领导和在座的同事们！

合：大家晚上好！

男：我叫×××。

女：我叫××，很高兴由我们两人来主持今年的团年宴！

女：年年有个年要过，年年祝福的话儿道不完。年是我们拼搏的加油站，年是我们奔跑的接力棒。

男：年拉近了我们成长的距离，年染红了我们快乐的生活，年让我们截取下了四季的片段，年给了我们人生的畅想。

男：在新年到来之际，我们要祝愿大家——

合：开心每一秒，快乐每一天，幸福每一年，健康到永远！

男：我们在座的长辈在过去的风雨岁月里经历了不少辛苦，沧桑已经耗走了您们太多的情感，在这里我们要把最真诚的祝福送给您们：请接受我们年轻人的祝福，祝愿您们在国家太平、社会安宁的环境里尽享天伦之乐！

女：是的！父母赐予我们生命与灵魂，父母的爱宽广而且无止境，您们的艰辛抚养与教育使我们茁壮成长，愿您们的汗水化做无数颗冰菱花让您们欣慰，让您们快乐！

男：祝福送不完，话语道不尽。还有我们的同事、爱人，在新春佳节之际，祝愿你们乘着春风，扬起理想，辉煌自己的人生！

女：忙忙碌碌一整年，只为等到这一天，我们把过年这一天提前了。

男：说得没错！省内同事齐相聚，团团圆圆闹新春，我们××分公司和××店铺的职员及家人要在今天晚上把酒言欢，共贺新年！

第 2 节 串 联 板 块

 学习目标

➢ 了解贴切串联语的要求
➢ 掌握串联语的特点
➢ 掌握常见串联方式

 知识要求

1. 串联语的特点

(1) 简短扼要

串联语，顾名思义，其作用是串联，起到的是辅助过渡的作用，如果冗长则会起到喧宾夺主的反作用。无论是什么规模的活动，串联语都要求有极强的现场感，用简短的句子、大众化的语言，使观众听得清楚，易于接受，并感到亲切生动。串联语应该使用观众喜闻乐见的语言，雅俗得当，合乎事理。像"此处不留爷，自有留爷处"这样的语言就显得粗俗了。

(2) 衔接自然

写串联语的目的是为了使活动之间前后过渡和谐，好的串联语能使活动的前后衔接妙合无痕、天衣无缝。巧妙，就是要善于发现前后的衔接点，或是内容的相关或是形式上的一致；自然，就是不生硬、不做作。串联语如果牵强附会、生拉硬拽，则是画蛇添足。

(3) 和谐得体

串联语大都是出现在轻松愉快的场合中的。同样是会，开人大会是不用串联语的，因为大会需要有庄重的氛围来体现会议的严肃性和政治性，而联欢会则是为了让观众度过轻松愉快的时光。根据语境场合，串联语有时需要幽默诙谐，可以活跃气氛调动情绪；有时需要典雅诗意，可以提高文化品位。总之，串联语既要达到串的要求，又要串得和谐得体。

串联语在活动中的主要作用是承上启下，上串下联。串联语运用得体，会增加活动的韵味。写作时要善于抓特点、抓特色，用以增加其文采，如名人轶事、民间传说、神话故事、诗词歌赋、想象修辞等。要力求语言精辟、简练有力、内涵深刻、上下贯通。切不可用高深莫测的警句和过于华丽的辞藻使主持人居高临下，丧失了亲切感。

2. 串联的要求

串联在程序推进中起着关键的作用，其承上启下的过渡功能既升华了主题，也能把现场活动一步一步推向高潮。主持人是活动成功的催化剂，更好地掌握串联的节奏还需掌握以下三个要求：

(1) 与"时间"俱进

主持人在活动中更好地掌握时间主要是指主持人对现场节奏的把握。每一个活动全程都有它的固定时间，每一个节目也有它的固定时间，主持人的作用就是把所有的节目串在一起在一个活动中有机地表现出来。这个时候就需要主持人高瞻远瞩地控制，在串联动感的节目时，主持人的主持方式也应变得动力十足，在串联舒缓的节目时，主持人的主持方式也应变得浓情依依。

以下是几个相关的例子。

例 2—16

在广场文化周活动中，社区的广大居民积极参与自娱自乐，她们是构建平安、文明、和谐社区的主力军。今天，××社区的居民们将再次展示他们热爱生活、奉献社会的精神风貌。请欣赏她们表演的舞蹈《欢庆》。

（表演结束）

男：生命在于运动，运动使社区的中老年朋友精神抖擞，充满活力，让我们为他们可贵的精神和精彩的表演，再一次送上最热烈的掌声。（鼓掌）

女：中国敞开世纪的窗口，让世界走进我们的视野。

男：祖国欢呼一个黎明的来临，夏日的凉风吹拂我们的热血。

女：让华夏子孙放声高歌，为祖国喝彩，为祖国干杯，请听四重唱《为祖国干杯》。

（表演结束）

女：扭秧歌是人们喜闻乐见的群众文化活动，扭起秧歌，唱起歌，以此来抒发人们对美好生活的赞美之情。请欣赏××社区居民表演的《健身秧歌》。

例 2—17

刚才我们4位同学的联唱真是配合默契，浑然一体，可谓此曲只应天上有，接下来的这4位朋友为我们带来的群口相声《跑题》，他们跑的也真算是人间难得几回闻。有请表演者：××、××、×××、××。

（表演结束）

我们这4位朋友实在是能跑题，从锅炉房烧的不开的水跑到了去爬喜马拉雅山。呵呵，我们可不能也跟着跑题，请欣赏现代舞《冒险气球》，表演者：院舞蹈队。

例 2—18

问苍茫大地，谁主沉浮？人民群众才是历史的真正主人！不管你是本地人，还是外地人，只要把××当做你的家，只要共同建设××这个美好家园，你就是××人！请欣赏《快乐老家》。

（表演结束）

在过去的一年里，为了社会治安综合治理，无数的村民紧急动员，无数的同志废寝忘食。如今，他们的心血有了回报，让我们为平凡的英雄叫好！接下来，我们将表彰……

今晚的你是美丽的，今晚的我是美丽的，夜空给了我们自由的舞台；今晚的星星是美丽的，今晚的心情是美丽的，生活就是一场奉献的比赛。请欣赏《美丽的心情》。

例 2—19

女：看，欢腾的劲舞跳起来了。

合：××集团的欢声笑语已响彻四方。

男：那歌那舞在我们繁忙中"难得一见"。

女：那笑那美在我们繁忙中"难得一见"。

男：下面就让我们尽情倾听《难得一见》的美妙。

（表演结束）

男：寒暑交迭，万象更新。新的一年已曼舞而至。

女：金猴欲退，金鸡唱晓。新的一年已踏歌而来。

男：让我们共同欣赏舞蹈《踏歌》。

（表演结束）

男：一舞《踏歌》，让我们欣赏到典雅、自然律动。

女：一舞《踏歌》，让我们欣赏到含蓄、行云流水。

男：感叹艺术的魅力，可以通过身、形、神将意念表达得淋漓尽致。

女：还有一种艺术可以将无形变有形，将有形变成它形。

男：是什么？

女：魔术，下面请欣赏魔术表演《万紫千红》。

（表演结束）

男：我和你走过雨走过风慢慢地把心靠拢。

女：春光中你的笑容暖暖地让我感动。

男：就让我默默地真心为你一切在无言中。

女：我永远祝福你好人就有好梦。

男：《好人好梦》献给所有××人。

男：一曲《好人好梦》让我们感动。

女：一曲《好人好梦》送去我们的祝福。

男：也是我们最真、最永恒的祝愿。

（表演结束）

女：下面请欣赏长笛芭蕾表演《我心永恒》。

例2—20

感谢某主任！感谢两位领导！是你们的陪伴让我们走过不平凡的2004年，是你们的关心让我们经常思考，也是你们的意见促使我们不断进取，在取得成绩的同时，我们也看到了不足，在新的一年里，我们会做得更好，更让你们满意。

男：祝福是份真心意，不是千言万语的表白，默默唱一首心曲，送来最真心的祝愿。

女：下面请欣赏由××店铺全体同事表演的歌曲舞蹈《××××》。

(2) 与"计划"俱进

主持词在进行一项活动主持之前一定会有一份串联大纲，这是根据活动的安排进行综合考量确认的，主持人在现场的主持一定要遵循此大纲进行，不能遗漏任何一项。节目的顺序可以做调整，必要的项目一定要完成，主持人如果忘记进行了哪一个环节，要找准时间弥补回来。当然，因为现场情况风云变幻，有时不会顺利地按照原计划按部就班进行，主持人在和主办方切磋后，可对节目大纲作适当增减。

以下是几个相关的例子。

例2—21

男：俗话说得好，英雄出少年，下面有请×××艺术培训中心的×××小朋友为大家献上粤曲表演唱，沙家浜选段《祖国的好山河寸土不让》。

（表演结束）

女：儿童是祖国的未来，我国将来文化事业也依靠他们来繁荣发展，下面请欣赏电子琴合奏《可爱的家》《鹰》《小鸭子》《洋娃娃和小熊跳舞》，表演者××市××艺术培训学校，××等。

（表演结束）

男：在××，春天必然会有一段梅雨时节，但大自然带来的绿是令人陶醉的，下面请欣赏由××大学艺术团为大家献上的舞蹈《绿意》，表演者，××，××等。

（表演结束）

女：××街对全民健身活动一向是很重视的，多年来，××街一直狠抓全民健身活动的落实，在辖区内建立多处健身街，组织各种体育竞赛活动，完善各支文体队伍的建设，取得了一定的成效。下面有请××街××太极队×××等为大家送上太极拳表演《太极迎春花》。

（表演结束）

男：好一朵美丽的"迎春花"，××街的文化事业果然在百花齐放、万紫千红的季节为我们带来了快乐，乐坏了花丛中玩耍的小朋友，请欣赏由××幼儿园××等小朋友为大家献上的儿童现代舞《快乐宝贝》。

（表演结束）

女：儿童是快乐的，草原上的马儿也是快乐的。下面请欣赏由××小学××表演的二胡独奏《赛马》。

（表演结束）

男：短短的一曲《赛马》，把草原上万马奔腾的气势表现得淋漓尽致，仿佛有成百上千的骏马从我们面前奔驰而过。

（表演结束）

女：粤曲是我们广东的一种特色文化，它有着悠久的历史，随着社会的不断发展，粤剧的表演内容和表演形式也有了很大的变化，下面为大家献上的是由市曲协副主席××先生填词、撰写的，曾获得2002年××市新曲创作奖的粤曲小组唱《五环晨曦》。表演者，××街××乐社、××街××乐社。

（表演结束）

男：××街果然是藏龙卧虎之地，××街辖内有这么多的文艺培训团体，体现了××街对文化事业的重视，所谓有伯乐才有千里马，在××街领导的正确领导下，辖内各文艺队伍活动制度不断完善，表演水平不断提高。下面请欣赏由××大学艺术学院的××为大家献上的独唱《共和国之恋》。

例 2—22

十年的风霜雨雪，十年的坎坷历程，十年的上下求索，十年的同舟共济。今天，我们欢聚一堂，共同庆贺幼儿园 10 岁生日。让我们载歌载舞，送上对幼儿园最真诚的祝福。现在，有请我园威风锣鼓队为我们拉开庆典的序幕！

（表演结束）

（感谢我们小朋友的精彩演出）孩子们的心中总有着幻想，孩子们的脸上总有着笑容，因为他们也希望成为每个舞台的主人。下面让我们以热烈的掌声请出这群可爱的孩子们为我们带来舞蹈《小动物跳舞》。

（表演结束）

看着这一群可爱的孩子，爸爸妈妈的脸上都洋溢着笑容。因为在宝宝成长的过程中，有许多有趣的事情，他们常常会妙语连珠，逗得人们捧腹大笑。接下来请您欣赏我们中班小朋友带来的舞蹈《Baby》。

（表演结束）

中班小朋友用舞蹈演绎了孩子出生的过程，让我们感受了生命的奇妙。感谢我们小朋友的精彩演出。小时候常听关于《阿拉伯之夜》的故事，但至今还未曾去过阿拉伯。今天，一群阿拉伯小朋友来到了我们的现场，让我们共同来感受这西域的风情。请大家欣赏舞蹈《阿拉伯之夜》。

例 2—23

吉他弹唱《老鼠爱大米》——说到网络歌曲，相信大家都非常熟悉，近年来，网络音乐非常流行，颇有一种"忽如一夜春风来，千树万树梨花开"的感觉，从《东北人都是活雷锋》到《老鼠爱大米》，再到《两只蝴蝶》等都是通过网络唱红大江南北的。

舞蹈《黄河九十九道弯》——（第二幼儿园×××等编舞×××表演，文教体局工会工委选送）黄河是咱们中华民族的母亲河，滔滔黄河水哺育了亿万华夏儿女，也留下了一支支广为传唱的赞美之曲。

二胡独奏《牧羊女》《赛马》——（沙河中学××表演，文教体局工会工委选送）二胡是我国传统的民族乐器，它的音色刚柔多变，能奏出独特的模拟效果；它那优美的旋律尽展民族乐器的魅力。

例2—24

女：环保，是××公司历久常新的主题，是每一位公司员工执著坚持的理念。

男：××公司走过的足迹，带来了一片净土，增添了一丛新绿，也带动了一大批关注环保的热心人士。

女：××公司在环保公益事业中，倾注了无限激情。2004年××月，公司将环保旗帜首次插上了地球第三极——珠穆朗玛峰。清扫珠峰垃圾的大型环保活动由此展开！

男：造访南北两极，登临珠穆朗玛峰，是××公司在致力环保的道路上不断攀登，不断超越的绝佳印证。

女：今晚，珠峰脚下的藏族姑娘们也来到了这里，她们要用优美的舞姿，感谢××人为她们所做的一切！下面请欣赏藏族舞蹈《溜溜的康定溜溜的情》。

（表演结束）

男：恪尽企业的社会责任，是××公司奉行几十年的企业理念。在××公司看来，公司的发展与成功，无不得益于社会所提供的丰富资源，得益于广大消费者的喜爱和支持。

女：回馈社会，既是心中反哺之情的自然流露，也是公司出于强烈的社会责任感而自觉承担的义务。

男：感恩，会使心境变得平和；感恩，会使自己感到幸福；感恩，会使生活充满希望。

女：拥有一颗感恩的心，才能理智地面对一切困难，从容地面对是是非非。

男：千淘万漉虽辛苦，吹尽狂沙始到金。公司的营销伙伴不断超越自我，实现自我，用辛勤和汗水浇铸出了今天骄人的成绩。

例2—25

润物细无声，在这个全面加速的社会里，也许唯有静下心来读一本好书才能让浮躁的心灵得到一次彻底的放松。请听××的演讲《一次不一样的呼吸》。

（演讲结束）

书籍是人类文明的果实，每一本好书都是我们的良师益友。读书的过程就是在点滴中育人的过程。一本薄书，也许就是一个人一生的转折点。我们应该把读书当做是人生的一种乐趣。下面就请听××的演讲《读书、乐趣、做人》，作者：××。

（演讲结束）

做生活的强者，做真正幸福的人，这是每个人的理想，追求理想的过程不可能一帆风顺，只有能够坚持到底的人，才是真正的强者，真正幸福的人。请听××的演讲《矢志不移》。

（演讲结束）

绝对责任观，像是哲学范畴的一个名词，但它却体现了一个人对于工作、生活的态度，它是企业、个人生存和发展的基础。请听××的演讲《增强主人翁意识，树立绝对责任观》。

（演讲结束）

在市场经济大潮的冲击下，我们的××事业经受住了考验，正在向着一个个新的目标奋进，面对竞争形势的日益激烈，我们××的职工将以一种奋发向上的精神，赢来更加灿烂的明天！请听××的演讲《骨子里的精神》。

（演讲结束）

"以人为本，造福职工""群众利益无小事"这是我们××企业的重要工作要求，古人云："爱人者，人恒爱之，敬人者，人恒敬之。"用这句话来概括企业与员工的关系，再恰当不过。请听××的演讲《企业与职工》。

(3) 与"现场"俱进

主持人在第一现场，现场依靠主持人的串联和谐、稳步地进行活动。主持人除了要与"时间"、与"计划"俱进外，还要与"现场"俱进，这就要考验主持人的现场反应能力，即随机应变能力。

有些串联的话不一定在事先写好的大纲里，但在现场一定要有，才能继续下面的活动。比如，前面有领导刚刚讲完话要进行下一项，主持人一定要对前面讲话的领导表示感谢，如果另有准备，可适当围绕主题对发言作适当点评或延伸主题，让现场观众有一个缓冲的余地。

以下有几个相关的例子。

例 2—26

刚才，我们听取了党委××书记的报告。××书记的报告主题鲜明，重点突出，具有很强的针对性和指导性。××书记在报告中，首先对过去一学年全镇教育工作取得的成绩作了充分肯定，在此基础上，对照高标准，认真查找了存在的问题和不足，然后对新学年的教育工作进行了周密的规划和部署。××书记在报告中指出，全镇教育工作应该坚持新形势下的更高标准，实施工作思路、工作方法和工作机制的全面创新，与时俱进，加快教育改革和发展步伐，全面提升教育现代化水平，全面提升教育质量和办学效益，并要在育人水平、教育质量等四个方面努力实现新跨越。我们一定要领会××书记报告的精神实质，认真消化报告的主要精神，并按××书记提出的要求，狠抓贯彻落实。

刚才，我们听取了3位同志的交流发言，深切感到，他们的发言起点高，标准高，气势大，决心大，尤其是思路清、措施实，听了他们的发言，使我们看到了再创××教育工作新辉煌的希望。在此，希望各校和各位老师要向他们看齐，以他们为榜样，坚持高标准、严要求，自我加压，不断超越，努力向更新更高的目标攀登，再接再厉创出新业绩，为××经济社会持续健康协调发展作出新的贡献。

例2—27

我们的民乐队从成立到现在已经4年多了，这期间，在全市全国乃至国际大型比赛中都屡获殊荣。每年我们也都在吸收新队员，不断丰富壮大我们的演出阵容。下面我们将欣赏到由民乐队新队员表演的合奏《南泥湾》。他们接受训练的时间并不长，但平时非常刻苦，不断进步。我们拭目以待。

例2—28

各位老领导、同志们，刚才，县委××书记全面总结了过去一年的主要工作，明确指出了我们肩负的光荣使命。这对做好新一年的工作，推进××事业的发展具有十分重要的指导意义。过去的一年，各级各部门紧紧地团结在县委、县政府周围，同心同德，奋力拼搏，取得了比预想更好的成绩。这些成绩，是全县干部群众敢于面对挑战，迎难而上，聚精会神搞建设，一心一意谋发展的结果，其中凝聚着各位老领导、老同志的心血和汗水。为此，县委、县政府对你们所做的积极而有益的工作表示衷心的感谢！

回首过去的一年，我们更加充满信心。展望新的一年，我们面临新的机遇和挑战。××××年，是我县实现"十五"计划目标的关键一年，是新一届县委、县政府开好局，打好基础的重要一年。我们一定要按照第十次党的代表大会和第十四届人民代表大会的部署，坚持发展为第一要务，以发展为大、发展为先、发展为重，倍加珍惜当前发展的好态势，紧紧抓住经济建设这个中心，保持经济持续快速健康发展。新的一年里，我们要继续坚持求真务实，开拓创新，树立推动工作、对人民负责的形象，带着切实解决问题的决心抓落实，带着对基层和群众深厚的感情抓落实，多一点思考、多一点行动、多一点服务，一项工作一项工作地抓好，一个目标一个目标地实现，一步一个脚印地把我们的事业推向前进！

例2—29

问大家一个问题，每天晚上7点中央一台有个新闻节目叫什么？

大家想不起来吗？好，那请大家先听一段音乐（调音师放新闻联播前奏曲）。

现在大家想起来了吧？对，新闻联播，下面就请大家欣赏自由舞：新闻联播。

节目五：有一个美丽的地方，精美的石头会唱歌，有一个美丽的古镇，人杰地灵叫××。一年多来，通过我们××民众的齐心努力，××已经换上了她美丽的外衣。相信在不久的未来，全国乃至世界都会知道，××，是一个美丽的地方。下面请欣赏舞蹈：有一个美丽的地方。

节目六：动感的节奏，动感的舞步，动感的你，动感的她，动感的我们一同来跳动感的恰恰！朋友们，让我们来一起自由摇摆！

节目七：好，谢谢朋友们！动感的舞姿过后呢，让我们轻松一下，来欣赏一段柔美的舞蹈。请欣赏舞蹈：掀起你的盖头来。

雪域高原，千年企盼，当藏族同胞带着青藏高原的神圣和向往来到××，来到××的时候，也带来了具有浓郁藏族风情、歌颂高原的舞蹈：青藏高原。下面请大家欣赏藏族舞：青藏高原。

节目十二：朋友们，我们来到晚会现场，不光是为了欣赏舞蹈，品尝美味。更重要的是这里是一个朋友之间了解的窗口、交际的平台。晚会进行到现在，欢迎您和您的老朋友、新朋友一起来跳上几曲交谊舞。

例2—30

世上只有妈妈好，有妈的孩子像个宝，投进妈妈的怀抱，幸福永围绕。下面有请××小朋友为大家演唱《世上只有妈妈好》。

（表演结束）

世界上有一种爱，任你肆意地去索取，却从不需要报答，这种爱叫母爱，这个人叫母亲，请听歌曲《母亲》。

（表演结束）

寒风飘飘落叶，军队是一朵绿花。妈妈请不要牵挂，孩儿愿意为你走天涯。请听歌曲《军中绿花》。

（表演结束）

阳光映照着千年不变的打谷场，打谷场上站着我千年不变的娘。望着这千年不变的发黄的照片，怎能不使我热泪盈眶，请听诗朗诵《怀念娘》。

（表演结束）

娘是诗歌，娘是散文，读娘千遍不厌倦，咏娘的感觉像春天。请听诗朗诵《读娘千遍不厌倦》。

3. 串联方式

(1) 引用资料，逐渐推进

引用的资料一定要与主题相关，发人深省也好，助现场气氛一臂之力也好，都能对现场起很好的推进作用。

(2) 以情动人，营造气氛

在现场进行情感交流非常重要，一是拉近了所有人的距离，不论是主持人与观众的距离还是此活动的主办方与嘉宾的距离；二是距离拉近了，原本陌生的气氛也会变得热烈起来，现场也会变得活跃许多。

(3) 巧用重复，突出重点

这里的重复有对上面表演节目主题的重复，也有对领导讲话主旨的重复，还有对活动中心思想的重复，重复的目的都是为了突出想要表达的内容，让活动精神得到更好的发扬。

这种方式要慎用，主持人做了大量活动，积累了大量经验之后，心中就有杆秤，知道什么时候可以打断，什么时候"该出口"，主持人适当地出口，会化解一定的尴尬。比如表演进行得不是很顺利，出现了一些故障，这时候就需要主持人来救场，这种情况虽然在事先准备的大纲里没有，但也要靠主持人的作用把活动延续下去。如果是领导的讲话，那主持人就需认真想清楚该不该打断，要谨慎行事。

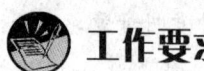 **工作要求**

为××读书演讲比赛写一段节目串联语

演讲题目名单

《热爱你的工作》《浅谈凝聚力》《读书的收获》《愿灿如夏花》《我们在学习组织中成长》《〈冬夜的灯光〉带来的温暖》

工作准备

1. 搜集本次演讲比赛的相关介绍资料，了解活动的性质。
2. 了解演讲内容梗概。
3. 参考相关串联语资料，作出分析比较。
4. 借鉴散文等优美诗句。

工作程序

1. 汇总所有收集的资料。
2. 根据演讲题目试写串联语。
3. 校对，检查是否有语法错误。

注意事项

1. 由于是读书演讲比赛，基调要确定准，应做到高雅、醒世、有哲思。
2. 语句简练，精悍。

××读书演讲比赛节目串联语样例

在飞速发展的时代里，女性走出了家庭，融入了瞬息万变的社会，撑起半边天的女性们，面临着生存的革命，该怎样处理好事业与家庭的关系呢？请听××的演讲《热爱你的工作》。

（演讲结束）

一根筷子很容易被折断，许多根筷子绑在一起，想将其折断，就绝不是一件容易的事。这就是凝聚力的作用。请听×××的演讲《浅谈凝聚力》。

（演讲结束）

"活到老学到老"是毛泽东同志常说的一句话，这并不是一句简简单单的话，而是教会了我们一个道理，无论在什么时代，只有能够不断学习、不断进取，不断为自己提出更高要求的人，才能真正做到与时俱进。请听×××的演讲《读书的收获》。

（演讲结束）

女人不是因为美丽而可爱，而是因为可爱而美丽，作为信息时代的女性，我们不仅要因为可爱而美丽，更要因为自信而美丽。请听×××的演讲《愿灿如夏花》。

（演讲结束）

知识是滋润职工的营养，学习是获得知识的方法，在进入全面建设小康社会，建设现代企业的时期，提高企业职工的综合素质势在必行。下面请听×××的演讲《我们在学习组织中成长》。

（演讲结束）

在平凡的日子里，惊天动地的大事件不是每天都能发生，然而有时我们的举手之劳，对他人来说也许就是不可或缺的帮助。滴水亦可穿石，不足挂齿的一件小事，就足以触动人心最柔软的地方，这就是服务"人性化"最具体的解释，下面请听×××的演讲《〈冬夜的灯光〉带来的温暖》。

第3节　收合结尾

 学习目标

➢ 了解收合语的要求
➢ 掌握收合语的特点
➢ 掌握常用收合语

 知识要求

1. 收合语的特点

(1) 点到为止

收合的作用不容忽视，一头一尾的主持词是活动的主干架，是主要构成。但并不是说，主持人在收合上花费的精力是最多的，在收合上欲罢不能，倾入太多注意力，不仅让人反感，还影响了活动的进程。所谓点到为止，就是在收合中提炼最关键、最能体现本活动的话语，不要再额外延伸。有的主持人一时情绪有些失控，本来已经说了要结束的话，却迟迟不作告别，依然在情绪激昂地反复说一些相似的华丽结束语词汇，这不是在显示主持人的语言优美，相反是给整个活动抹黑，给人无秩序或拖沓的感觉。

(2) 画龙点睛

收合语的另一特点是画龙点睛。这取决于收合语所占时间不能太长，篇幅不能太多，取精华为整个活动画龙点睛。画龙点睛的收合语需要反复推敲、揣摩。最后留给主持人的时间不多，何为重点，先说什么是主持人事先应该考虑的。一般来说，有的表达感谢，有的再一次申明主题，有的则对美好前景充满憧憬，这样的画龙点睛之笔作为活动的收尾都会给活动画上一个圆满的句号。

2. 贴切收合语的要求

(1) 语言精准

礼仪主持人四级要求语言准确，只要语言规范，没有语法错误就可以。礼仪主持人三级在此基础上，对语言要求又进了一步，要求精准。不能因一时兴起，造成活动不能按时收场，影响了整个活动的效率与节奏。收合虽然也需要像开场或串联时的以情感人的"优美华语"，但不是所有的美句都适合放在结尾，这样会弄巧成拙，语言一定要精练、准确。

以下是几个相关的例子。

例 2—31

女：今宵，我们为鲜红的党旗歌唱。

男：今宵，我们为××的快速发展歌唱。

女：今宵，让我们再一次向××的人民解放军、武警官兵、政法干警致以节日的祝贺！

男：向关心支持本次文化活动的领导致以崇高的谢意！

女：向参与本次演出的××学院、××社区、××中学、××舞蹈形体培训中心的演职人员表示衷心的感谢！

男：7月的××骄阳似火。

女：7月的××花团锦簇。

男：尊敬的各位领导。

女：亲爱的观众朋友们，县委机关广场文化周文艺演出到此结束。

男：让我们共同祝愿中国共产党先进性旗帜永远飘扬。

女：共同祝愿××的明天更加美好！祝愿大家——

合：身体健康，万事如意！

男：观众朋友们！再见！

女：再见！

例 2—32

女：金黄璀璨，枫叶如丹，这是丰收的色彩。

男：欢歌笑语，扬花秀穗，这是丰收的声音。

女：丰收的酒总是令人沉醉。

男：丰收的夜总是令人欢悦。

女：由××有线电视台主办、《××·××》栏目承办、×××专卖店冠名的

"×××·××××"钻石小姐大赛决赛暨颁奖晚会到此结束,让我们再次用热烈的掌声对获奖选手表示祝贺!

男:同时也对给予本次比赛大力支持的各个单位表示衷心的感谢,让我们期待下一次的相聚!再见!

例2—33

伴随着悠扬的歌声,本次《e时代》文艺会演也进入了尾声。

我们难忘今日,我们驰骋明朝。

我们不留恋绿意浓浓、暖人心脾的5月,是因为要去迎接热情奔放的6月。

今天青春的蓓蕾因我们汗水的挥洒而绽放;

明天腾飞的时代因我们青春的绽放而绚丽多彩!

计算机与信息学院首届《e时代》文艺会演到此结束。

合:朋友们,明年见!

例2—34

观众们、朋友们,最后我们将表彰的是:……鹰击长空,鱼翔浅底,和谐即自由。这自由来自每个人的自律和努力,这自由来自一个互相关爱、互相帮助的社会氛围,这自由来自为了人民群众的平安辛勤工作的人们!喜看稻菽千层浪,遍地英雄下夕烟,一个平安祥和的××一定会展现在我们眼前!

例2—35

尊敬的各位领导、各位来宾、各位家长,老师们、小朋友们!

我们的努力创造了辉煌的过去!

我们的畅想预示了灿烂的明天!

我们的活动也即将进入尾声。

在新的未来,让我们全体职工一同携手,共同努力,为创造××镇中心幼儿园更加辉煌灿烂的明天而不懈努力!最后让我们共同祝愿大家在以后的日子里,身体健康,心想事成,也预祝我们的幼儿园再攀高峰!本次园庆活动到此结束,谢谢大家光临。

(2) 内容贴切

主题指挥着活动的进行,主题自始至终伴随着整个活动,在收合阶段主题的作用再一次凸显出来,收合内容一定要与主题贴切,再一次点题把活动的精神升华,令人回味无穷,为活动画上一个圆满的句号。内容可以是再一次感谢,也可以是展望,还可以是对来日相会的期待。

以下是几个相关的例子。

例2—36

女：××是一片热土，在这里，祖先曾给我们留下灿烂的文化。

男：××是一块胜地，在这里，前辈曾给我们留下过骄人的业绩。

女：今天一场改革与发展的接力赛正在我们的脚下进行。

男：明天一幅最新、最美的图画，就将在我们的眼前展现。

女：让我们在区委、区政府的坚强领导下，锐意进取，开拓创新。

男：凝心聚力，真抓实干，全面落实科学发展观，为建设和谐的新××——

合：做出新的更大贡献！

例2—37

女：回首过去我们热情洋溢。

男：坚定现在我们激情澎湃。

女：展望未来我们斗志昂扬。

男：让我们在新的一年里张开腾飞的翅膀，向着更高的目标飞翔。

女：让我们携手并肩，

男：志存高远，

女：实现新跨越！

合：再创新辉煌！

例2—38

今天，我们相聚在这里，感受到了芬芳的书香，感受到了读书的乐趣，感受到了一次不一样的呼吸，让我们记住今天这份清新的感受，在享受读书乐趣的同时，不断提高自己的知识水平，为×××事业辉煌灿烂的明天，添上浓墨重彩的一笔。×××局职工读书演讲比赛到此结束，谢谢大家！

例2—39

刚才，对全镇2001—2002学年获得教育成果的学校与个人进行了表彰。这些学校和个人在过去一学年取得了优异成绩，得到了镇党委、镇政府的充分肯定。但是成绩只能代表过去，在新学年，我们必须把取得的成绩和荣誉作为新的起点，进一步弘扬××精神，以"三个代表"重要思想为指导，与时俱进，开拓创新，为实现我镇经济社会发展新跨越作出新的贡献。

会议到此结束，散会。

例2—40

女：熟悉的旋律，难忘的回忆。展望未来，我们信心百倍；共同的追求，铸就了坚定的信念。

男：15年的岁月交织成同一首歌。15岁的梦想，召唤青春飞向蓝天。

女：××中学15周年校庆文艺演出到此结束。

男：感谢各位的光临，再见！

(3) 情感丰富

使活动最后达到高潮的方法就是以情感人，这时候需要主持人用饱满的情绪，给活动做一个漂亮的收尾，因为最后的收合语一般都是诗句，或工整的排比句，这样的句势更易于主持人的发挥，抑扬顿挫的起伏能让现场掀起最后一轮的情感共鸣。

以下是几个相关的例子。

例2—41

男：战火越烧越旺，

女：旌旗迎风飘扬，

男：精神屹立不倒，

女：故事经久传唱。

男：×××，我们要怎样才能表达对你的热爱与执著！

女：要怎样才能感谢你赋予我们的事业与希望！

男：要怎样才能传承你文化的博大与精深！

女：这一切，唯有我们的行动可以证明，这一切唯有我们的成绩可以报答。

男：但面对这些我们满足了吗？不！我们一定有能力接受更高、更新的挑战和考验。下面让我们掌声有请×××北京市场常务副总经理××女士做2005年3月份促销计划及上半年的工作展望。

男：听！冲锋的号角已经吹响！

女：激昂的鼓点声撞击着每个人的心房！

男：各位同仁们，相逢是首歌，让我们更加珍惜每一次真诚的握手。

女：每一个相聚的日子，

男：每一句问候的话语，

女：每一个绽放的笑容！

男：各位战友们啊，拼搏在你我，是我们让夕阳更美丽！

女：让我们实现对生命的诺言——无怨无悔！

男：让时间印证我们的每一个足迹！

女：让我们一同祝福：

合：×××明天更美好！

例 2—42

我们真诚地希望各位老领导、老同志，继续围绕县委、县政府的中心工作，发挥自身优势，积极建言献策，为加快××发展做出新的更大的贡献。

"天时人事日相催，冬至阳生春又来。"新春的到来，总是给人们带来美好的憧憬。让我们更加紧密地团结起来，在县委的坚强领导下，锐意进取，开拓前进，共同创造更加美好的明天！

谢谢大家。

例 2—43

今晚，我们拥有了一段清新摇曳的时光；今晚，我们度过了一个令人心动的时刻。难忘今宵，××公馆乐滔滔；今宵难忘，歌声舞步烤全羊！朋友们，让我们记住这个难忘的夜晚，记住××古镇，记住××××酒店！晚会到此结束，欢迎您长来我们酒店。祝您工作顺利，心情舒畅，家庭美满，身体健康。

例 2—44

同志们，朋友们，今天的相聚虽然短暂，但大家的乡情更浓，亲情更深，友情更长。希望这次联谊会在架起××同乡与家乡联系桥梁、服务家乡建设的同时，也拉紧天南海北特别是××地区老乡们的联系纽带，加强团结，密切合作，相互支持，共谋发展，辉煌各自的事业，开创更美好的未来。

"相知无远近，乡音总关情。"各位朋友，×××的山山水水在日日夜夜思念您们，家乡的父老乡亲时时刻刻在翘首盼望您们。作为×××人民的代表，我真诚地欢迎大家"常回家看看"，看看当年共同奋斗在黄土地上的父老乡亲，亲身感受×××在改革开放之后所发生的巨大变化，争取为×××明天的振兴，作出自己的贡献！

联谊会到此结束，祝各位领导、各位同乡身体健康，家庭幸福，事业更上一层楼！谢谢大家！

例 2—45

甲：慈母手中线，游子身上衣。临行密密缝，意恐迟迟归。谁言寸草心，报得三春晖。

乙：撷一缕五月的鲜花，给妈妈编一个五彩的花环，愿妈妈的心情像花儿一样永远快乐绽放，愿妈妈的笑脸像花儿一样永远容光焕发。

丙：亲爱的朋友们，晚会就要结束了，但演员们优美的吟唱还在我们耳边萦绕。再小的地儿也有个场，再大的官儿也有个娘，请朋友们记住：无论工作多忙，路途多远，都别忘了回家看看娘，或者给娘打个电话，不要让门口风中终日翘首盼儿归的娘等得太久太久。

丁：祝年轻的妈妈们永远青春靓丽！祝年迈的妈妈们永远健康幸福！祝仙逝的妈妈们在天堂快乐自由！祝普天下的妈妈们平安度春秋！

甲：《献给母亲的歌》主题晚会到此结束！感谢兄弟网站及所有朋友们的光临！感谢为晚会付出劳动的编导演员和主持人！更感谢为我们提供晚会场景的××××！谢谢大家，再见！

3. 收合的方式

(1) 首尾呼应，评论点题

在导入语引人入胜的情况下，收合如果与导入语作一个呼应，再一次点题，会给人完整的感觉。

(2) 溢情之词，触动心灵

这需要主持人高明的写作技巧，收合语的优秀与否直接决定主持人发挥得尽情与否。

(3) 梳理归纳，概述要点

收合也是对全场的总结，尤其是会议，在最后还需要作一下简单的归纳，但一定要说出要点，不能泛泛而谈。

(4) 由此及彼，引发联想

这里的联想是对整个活动成功的影响力的联想，活动的成功，公司上下众志成城，组成了强大的凝聚力，收合的时候可以对这一种士气所产生的效果充满期待。

 工作要求

为一个以《安全生产法》为主题的知识竞赛写一篇收合语

工作准备

1. 搜集知识竞赛的相关内容。
2. 了解活动的规模及性质。
3. 了解参加来宾的具体情况。
4. 看情况是否准备音乐等其他手段。

工作程序

1. 汇总所有收集的资料。

2. 写收合语大纲。

3. 根据安全生产法主题试写导入语。

4. 修改完善。

5. 交给相关上级审看。

注意事项

1. 注意关键词，安全和比赛。

所以收合语要紧扣安全，因为是一场比赛，所以要体现友谊第一，比赛第二的意味。

2. 如果是中型比赛规模，语句可以简练，因为大家关注的焦点是比赛。

以《安全生产法》为主题的知识竞赛的收合语样例

B：让我们以热烈的掌声，向这次竞赛获奖的单位和个人表示祝贺！对各位领导的关心和支持表示衷心地感谢！

A：防患须在未然，责任重于泰山，希望通过这次竞赛，我们每一个人都能对安全知识有更深入的了解，做安全的宣传员、战斗员，让我们生活的这个世界永远安宁、祥和，最后，让我们把心中最真诚的祝愿送给你，送给我，送给他，送给我们每一个人，那就是——《祝你平安》。

（音乐起）

B：各位领导，各位来宾。

A：同志们，朋友们。

合：×××安全知识竞赛到此结束，感谢大家的大力支持和热情参与！再见！

思 考 题

1. 在活动程序推进中如何有机运用动态的导入语？
2. 在活动程序推进中如何有机运用动态的串联语？
3. 在活动程序推进中如何有机运用动态的收合语？
4. 如何理解串联语的特点？
5. 如果给一个中型中秋晚会写收合语，需要注意哪些事项？

第3章 气氛营造

第1节 配合态势

学习单元1 礼仪主持人化妆造型

 学习目标

- ➢ 了解国际通用的男、女礼仪服装分类
- ➢ 了解礼仪场合的正式程度
- ➢ 掌握男式西装的搭配和穿戴禁忌
- ➢ 掌握女式西服色彩搭配学
- ➢ 能够掌握礼仪场合仪容妆扮
- ➢ 能够熟练掌握身型与服装配衬方法
- ➢ 能够熟练掌握礼仪场合女性着装要领

 **知识要求**

1. 礼仪场合服装分类

服饰礼仪是人们在交往过程中为了相互表示尊重与友好,达到交往的和谐而体现在服饰上的一种行为规范。一个人在别人心目中的形象确实受其穿着的影响,衣着能够衬托出个人的气质、肤色与个性。不同职业对人的穿着要求是有差异的。尽管对职业的穿着标准没有成文的规定,但在人们的心理上却存在着各种各样的定式。

职场人士的穿着最好是与工作的性质和环境协调一致。因此,礼仪主持人凡是参加出访、迎宾、婚礼等各类正式、隆重、严肃场合都应穿礼服。礼服有本国、本民族的传统礼服和国际通用礼服之分。如果是少数民族,本民族服装可作为礼服。

国际通用的男式礼服有以下几种:

(1) 晨礼服

上装为灰、黑色,后摆为圆尾形;下装为深灰色、黑条子裤。系灰领带,穿黑皮鞋,戴黑礼帽等。这种礼服在白天典礼、星期日教堂礼拜以及婚礼等场合穿用。

(2) 小礼服(也称晚礼服)

全白色或全黑色西装上衣,衣领镶有缎面,腰间仅一颗纽扣;下装为配有缎条(即镶在裤的两边侧缝)或丝裤腰的黑裤;系黑色领结,配黑皮鞋。穿着这种礼服一般为参加晚上6时以后举行的晚宴、剧院演出等活动。

(3) 大礼服(也称燕尾服)

黑色或深蓝色西装上衣,前摆齐腰剪平,后面下摆成燕尾样子,翻领处镶有缎面;下装为黑色或蓝色配有丝带的长裤,在腰的两边侧缝处镶有黑色缎条;系白色领结,配黑皮鞋、黑丝袜、白色手套。

女式礼服可分为常礼服、小礼服和大礼服等。常礼服为衣料质地、颜色相同的上衣和裙子,可戴帽子和手套。小礼服是长至脚背但不拖地的露背式单色连衣裙或服装。大礼服则为袒胸露背的单色拖地或不拖地的连衣裙式服装,并佩戴颜色相同的帽子、长纱手套及各种头饰、耳环、项链等首饰。

2. 礼服穿着规则

一般来说,礼仪主持人职业着装分为正式套装、半正式职业装、酒会及聚会礼服等。

(1) 正式套装

正式套装多用于一些较严肃场合，如商务谈判、会议等，女士多以裙装为主，男性则多穿正式裤装，颜色较素雅。

(2) 半正式职业装

半正式职业装可能在目前中国礼仪主持场合用途较多，比如一些稍正式的女式连衣裙和男式西装、衬衫，颜色可以靓丽些，不拘泥于黑、灰色。除了一些很正式的聚会，一般公司酒会、聚会上，礼仪主持人可以穿小礼服，比如女士可以穿吊带丝缎短裙、纱裙，佩戴一些较为绚丽、夸张的饰品，鞋子可以选择丝缎面料、包脚不露趾的晚装鞋，丝巾、披肩也是增添气质的好选择；男性可以穿全白或全黑西装上衣，下着黑裤。

> **相关链接**
>
> 1. 在最正式的场合，男性应该穿西装，女式应该穿西装套裙。在正式场合，男性穿着中山装会非常有特色。
> 2. 服饰的色彩搭配要合理，最好不要超过3种。
> 3. 在礼仪场合，不宜穿露出脚指头的鞋。
> 4. 女士佩戴饰物要点到为止，显优藏劣，还要了解饰物的寓意。

3. 身型与服装配衬方法

礼仪主持人穿衣除了适宜场合需求以及跟上时代潮流外，还得会隐藏自身的缺点，让人注意到优点，整体上给人一种匀称、和谐的感觉。以下为掩盖自身形态不足的方法及建议，如能善加运用，会收到意想不到的效果。

(1) 中高身材

中高身材的人适应性较广，打扮时变化多且效果好。衣服的线条、款式、花型、色块等对体型影响不大。中瘦身材的人最好穿浅色衣服，横条纹、斜纹、格子、花布等图案给人的视觉感会显得胖一点，而竖条纹套装会增加人们视觉上的瘦小感。因此，中瘦型身材的人忌穿竖条纹套装。高瘦身材的人适合穿上下分色服装，但不宜穿竖纹套装，以免增加视觉高度。

(2) 矮型身材

矮型身材的人适合穿同色套装、连衣裙、风衣等，在视觉感上拉高一些；不宜穿上下相等的分色衣,这样会造成视觉上的短矮感。矮胖身材的人适合穿深色暗竖条纹套装,给人感觉瘦长一些,深色的下装使整个人体面积分散,也能减少视觉上的胖度感。但不宜穿方格、横条纹布的衣服。

(3) 颈部较短或较长

尽量使颈边显现清晰,宜穿V字领或低领的衣服,避免穿高领、高襟的衣服,蝴蝶结、头巾忌系于中心点。颈部较长的人在颈部应加以润饰,宜穿着套头装。若显露前胸会显得骨感,颈部可佩戴饰物如项链。

(4) 耸肩和垂肩

耸肩的人穿着应避免水平线,而强调垂直线的视觉效果,以便取得整体的均衡。宜穿一字领、交叉肩的衣服,能缓和耸起的肩线,纵条纹能显示其长度。避免穿厚垫肩、肩上有饰物的上衣,避免穿强调水平线的横纹衣服。垂肩的人应选择倒三角的设计,宜穿泡浮袖、有肩垫或有褶皱的上衣,还可选择偏重肩端设计或横格条纹的衣服,能加强肩部幅度。避免穿大开襟设计、交叉设计及露肩或紧身袖的衣服。

(5) 粗腰

粗腰的人宜穿套装大衣、长大衣、腰部线条不明显的连身装,腰带的颜色与上装或下装的衣服相一致。避免穿着短上衣、粗腰带及系太粗的腰扣。腹部微突的人应选择直线的设计,宜穿上衣外套隐藏腹部,或穿A字裙,腰带不宜过紧,避免穿紧身裙。

(6) 臀部过大

臀部过大者宜穿上半身较为宽松的衣服,如上身加肩垫、下身穿蓬蓬裙或A字裙,避免穿短上衣、窄裙等。臀部平坦的人应从侧面显示出曲线,利用蓬蓬裙、百褶裙形成突出的效果,以显丰满,避免穿太短的上衣或喇叭裙。臀部突出或下垂的人应将曲线调和,宜长上衣、百褶裙或宽松的长裤,穿裙子比穿裤子更能隐藏缺点,避免穿有后袋设计的裙装或裤装,否则臀部突出更为明显。

(7) 腿较短

腿较短者宜穿高腰上衣加短裙或百褶裙、高腰裙、高腰裤。避免穿太长的上衣、连身裙或长裙。腿粗的人要加强上身的分量以求上下匀称,宜穿A字裙,避免穿短上衣、百褶裙、紧身的裤子,否则会加重下身的分量。"O"形腿的人尽可能避免穿紧身裤,可以穿直身裤或长裙。

(8) 上身过长

上身过长者宜穿高腰裤、高腰裙,宽松的上衣、毛衣使腰部线条不明显,直筒长裤配粗腰带使上身显得较短。

(9) 胸部较小或太大

胸部较小的女性应加强上身的分量，尤其是胸前的分量，利用蝴蝶结、衣褶、胸饰或用肩垫，选择较宽大的套装或结个大头巾。胸部太大的人穿小翻领可转移对胸部的注意力，过膝的长裙可取得下身与上身的平衡，尽量穿不束腰的上衣，避免穿大翻领的双扣上衣，否则会显胖，短上衣或短裙会过分强调上身，应避免泡泡袖、胸前有大口袋或大图案的上衣。

4. 礼仪主持人男性着装

(1) 男式西装的款式

正规男式西装的款式变化主要在衣领和纽扣上，纽扣数量和排列是有讲究的。

1) 一粒扣的西服。一粒扣的西服其纽扣是与上衣袋口处于同一水平线上。这种款式源于美国的绅士服，最初在庆典和宴会等隆重场合穿着，20世纪70年代较为流行，现在已不多见。

2) 两粒扣西服。两粒扣西服分单排扣和双排扣两种。单排两粒扣款式最为经典，穿着普遍，成为男式西装的基本样式。双排两粒扣西服多为枪驳领，下摆方正，衣身较长，具有严谨、端庄的特点。

3) 三粒扣西服。三粒扣西服的特点是穿着时只扣中间一个纽扣或扣上面两个纽扣，风格庄重、优雅。

4) 四粒扣西服。四粒扣西服是双排扣的标准款式，其特征是尖角驳领，衣身长且大，既是上衣又可作外套。可系条形领带，也可用蝶形领结。由于四粒扣西服纽扣钉的位置不同，还可分为扣上纽西服和扣下纽西服两种。扣上纽西服，4个纽扣的相互距离基本相等成正方形，称为纽波特式，多用于官员礼服；扣下纽西服，4个纽扣的排列呈倒梯形，上面两粒扣距离较大，只作点缀之用，虽然样式古典，却仍是欧美流行款式之一。

5) 六粒扣西服。六粒扣西服是最为典型的正统西服，风格也最为庄重。特征是上面两粒纽扣之间距离大，下面4粒扣等距离成正方形。穿着时可扣下面两粒扣。六粒扣西服的穿着实用性很小，多数出现在礼仪场合。在军人、海员、邮政和铁路等职业制服中比较常见。

(2) 领带的分类

领带的品种可分为带色领带、印花领带、提花领带和编织领带。此外，手绘领带和绣花领带被视为珍品。领带的图案、花型繁多，常见的可归纳为五类。

1) 斜条类。斜条类图案的特征表现为由左向右、间距为 0.5~1 英寸的斜条，是传统的领带图案。严肃端庄，常用于正规场合。

2) 空间图案类。空间图案类具有弥漫性花型，花型四周留有等距空白，最适合郊游或访友时穿戴。

3) 素料实施类。素料实施类其特点为素料无花，只露面料本色，若与蓝、绿的单色西装配套，令人有庄重威严感，适于做西装式制服的配饰。

4) 佩兹利类。佩兹利是苏格兰一个以织物著称的城市，其纹样具有地方特色，花型多呈旋涡形，显得格外活泼、喜庆。

5) 板块样图案类。这种领带极似折叠的方头巾，虽有广泛的适用性，但是美中不足的是过于呆板。

(3) 正装衬衫

正装衬衫是男性必备的。中等明暗度的色调、深色调以及厚重的颜色是比较流行的颜色，白色和浅蓝色则是经典颜色。领部扣纽扣或暗扣的衬衫是传统的式样，尖领是目前最时尚的样式，英式大翻领是流行的样式。贝壳质地的纽扣在任何时候都比塑料纽扣效果好，看起来更漂亮，更有光泽，更耐用。

5. 礼仪主持人女性着装

职业女性给人的印象已不再是较弱势的群体，而成为了个性独立、精明强干的职场一族。现代职业女性的个性不只从言谈举止中流露出来，更能在穿着上给人带来直接而美好的第一印象。职业装的选择必须由不同的工作性质和环境来决定，这是职业装与流行时装的一大区别。因此，一直以来，女性职业装给人的印象也是中规中矩、波澜不兴。其实，如果留意职业女性的穿着打扮，可以发现近几年那些样式古板的统一"工作服"几乎绝迹，职业女性身上的装束显得多元化起来。随着职业女性的时尚品位的日益提升，她们在工作中的装扮已经出现了许多潮流化的演绎，开始贴近时尚。女性礼仪主持人的穿着应做到既能把握时尚又体现职业精神。

(1) 套装礼仪

女性职业装以套装为主。

1) 面料选择上乘天然。面料应选择质地上乘、纯天然的。上衣、裙子和背心等必须用同种面料。面料要不起皱、不起毛、不起球，匀称、平整、柔软、丰厚，悬垂挺括，手感较好。

2) 色彩缤纷却不高调。职业装在色彩上的演绎要恰到好处。灰色、黑色、蓝色、咖啡色等属于女性职业装的传统色彩让人感觉无比沉闷，全新的女性职业装开始寻求突破，启用了一些大胆的色彩，如水蓝、鹅黄、粉红、艳橙这些稍显亮丽的色彩。但是，毕竟职业装不是时装，因此，这些缤纷的色彩在职业装中出现时也显得比较低调，多数只作为点缀。

3）款式合身。套装在整体造型上的变化，主要表现在它的长短与宽窄两个方面。职业女性的套装被要求上衣不宜过长，下裙不宜过短。通常套装中的上衣最短可以齐腰，上衣的袖长以恰恰盖住着装者的手腕为好；套裙最长则可以达到小腿的中部。裙子下摆恰好抵达着装者小腿最丰满处是最为标准、最为理想的裙长。

遵循职业装束讲究的"合体合身"原则，女性礼仪主持人在职业装选择上明显应注重贴合女性的身体曲线，不要选择太过宽松或太过紧身的款式。太过宽松或太过紧身的衣服都很难穿出其得体的韵味，合体才是对女性职业装的最佳演绎。

上身外套通常是深色的，以黑色与蓝黑色居多，可带暗纹，一般是竖纹。通常是单排扣，小V领，平肩，袖长比衬衫短1厘米左右。下身裙子是筒袖型，右侧或后侧有倒V字形开气，裙身无花边和褶皱，无口袋。如果有接缝，通常在左侧。裙腰的造型一般要求平整即可，不配腰带。

4）穿着到位。职业女性在正式场合穿套裙时，上衣的衣扣必须全部系上。不要将其部分或全部解开，更不要当着别人的面随便将上衣脱下。上衣的领子要完全翻好，有盖子的衣袋要拉出盖子盖住衣袋。不要将上衣披在身上，或者搭在身上。

裙子要穿得端正，上下对齐。应将衬衫下摆掖入衬裙裙腰与套裙裙腰之间，切不可将其掖入衬裙裙腰之内。衬裙应为白色或肉色，不宜有任何图案，衬裙裙腰不可高于套裙裙腰而暴露于外。

(2) 衬衫

衬衫永远是职业女性的必备单品，无论以何种姿态出现，它都是职业风采的体现。在一年又一年的时尚潮流中，衬衫总在不断地变换着表情，吸引着女性的目光。

1）最富时尚气息的衬衫。大V领衬衫是最富时尚气息的衬衫。尖尖的领子、大大的V形领口露出美丽的脖颈，在知性中透着朦胧的性感，就是大V领衬衫的魅力所在。大V领衬衫的最佳色彩是浅色，米白、纯白、浅咖啡、淡蓝都是上佳之选。图案可以是纯色，没有一点花样，也可以是条纹图案，若隐若现最好。大V领衬衫修身、长度适中、色彩清淡，因而很好搭配，与及膝铅笔裙、长裤、九分裤、斜裁花裙搭配，都能浑然一体，和谐大方。

2）颇具职业感的衬衫。尖领衬衫是最经典的衬衫。尖领衬衫比较中庸，色彩也是永远富于知性、含蓄，比如白色、蓝色、紫色、灰色。图案也是以纯色和条纹居多。这种款型的衬衫永远不会领导潮流，但也绝对不会落伍。这种款型的衬衫，最好是与质感较好的一步裙或是合体的西装裤搭配，展示穿着者的专业与严谨。

衬衫应轻薄柔软，色彩与外套和谐。内衣的轮廓最好不要从外面显露出来。

(3) 高跟鞋

职业女性正装配鞋也是有讲究的，最好为皮鞋，并以棕色或黑色牛皮鞋为上品。鞋跟通常为3~5厘米，不露脚尖与脚跟，鞋面无花色装饰。

6. 礼仪场合主持人仪容妆扮

(1) 化妆

对于礼仪主持人而言，精致的妆容已然成为一种礼貌，不能以自然为名将其忽略。尤其是在一些重要的礼仪场合上，绝对少不了出众的妆容。

只要是适合本人皮肤季节属性的色彩，尽可以放心地从中挑选一些更能衬托肤色的颜色来作为化妆用色。

各个季节的妆容都有各自的特色，春的靓丽、夏的婉约、秋的华贵、冬的冷艳。春、冬两季在色彩上适合鲜明的对比搭配，夏、秋两季则适合渐变的色彩搭配。

(2) 发型

大多数人关注一个人，目光首先的落点都是对方的头发。所以，应当注重保持头发的清洁，并修饰整齐。发饰的美是仪容美的重要组成部分。发型不仅要符合美观、大方、整洁和方便生活、工作的总体原则，而且要与自己的发质、脸型、体形、年龄、气质、服装以及所处的环境等因素很好地结合起来，才能给人以整体美的形象。

发型设计可以使人活泼年轻，也可以让人变得端庄文雅，起到修饰脸型、协调脸型的作用。

椭圆形脸是东方女性的标准脸型，可选任意发式。

长脸形的人看起来面部消瘦，发型设计上应适当遮住前额，并设法使双颊显得宽一些。

圆脸型的人应将头顶部的头发梳高，使脸部在视觉造型上增加几分力度，并设法遮住两颊。

方脸型形的人应设法掩饰棱角，使脸型显得圆润些。额部窄的脸型，应增加额头两侧头发的厚度。

长脸型的人不宜留太短的头发，下巴较长的人可以留些鬓发。

矮胖或瘦小的人头发不宜长，瘦高的人应留长一点的发型。

就季节来说，春秋两季的发式可以自由活泼一些，而冬夏季的头发则由于受到气候因素的影响，需要格外注意。

夏天天气炎热，可留凉爽、舒畅的短发，如果是长发，则可以梳辫子或将头发盘起。由于多数人夏天面部油脂分泌都很旺盛，而额前的头发过多往往使热量不易散发，反而使面部更易出油；冬天人们的衣着较厚，衣领高，留长发既美观又保暖。

女性如果在头发的适当部位装饰花色、款式、质地适合的发夹、发带或头花等饰物，就能对整体美起到"画龙点睛"的作用，从而增添无限魅力和风韵。

(3) 饰品

礼仪女主持人用适合自己色彩的服装、妆容、发型来体现职业形象的同时，若能在身上佩戴合适的饰品，就会更得体出众。任何一种饰品都不能独立存在于整体形象之外，饰品对整体形象起到画龙点睛的作用，所以它必须与佩戴者自身的形象相协调。

1) 暖色调皮肤（肤色偏象牙色，头发、眼睛的颜色不属于东方人典型的黑色，而是偏向于褐色、棕黄色）的人最能够戴出黄金饰品的华丽气质。

2) 皮肤较白皙、发色比较浅淡的人适合光泽较强、色彩较浅的K金（含金纯度较低的饰品）。

3) 冷色调皮肤（通常给人一种脸色发青灰的感觉，头发、眼睛的颜色比较接近黑色）的人最好不要戴黄金饰品，戴铂金较好。

(4) 礼仪主持人妆容注意事项

1) 庄重、严肃的礼仪场合，妆容以淡雅为主；但在酒会、聚会上，妆容则可以稍浓一些，着重加深眼部及唇部的色彩。香水喷洒要恰到好处，指甲要整洁、干净，不要涂成红色、紫色或黑色等鲜艳颜色。

2) 夏季的发型要注意前额、两颊的头发不能留得过多，应尽量把头发向后向内梳理。在冬季刮风较多的地方，参加礼仪活动前最好用帽子、头巾或者用发带把头发束起，在到达礼仪场合前，利用空闲时间松开、顺滑一下头发。

3) 注意发饰不可过多，色彩也不能过于光亮耀眼。否则易形成堆砌，会给人一种俗气的感觉，反而失去自然美。

4) 在庄重、严肃的礼仪场合，首饰要以素雅含蓄为主；而在酒会、聚会上，则可以选择闪烁耀眼、颜色艳丽的首饰。

 **技能要求**

礼仪主持人男性着装搭配

1. 西装外套的挑选和穿着方法

（1）要看西装肩膀的宽度是否合适。肩膀宽度不足时，肱二头肌部位就不合身，袖子就无法自然地从肩膀落下。

（2）挑选西装外套还要看胸部宽度，挑选时可以先扣上西装纽扣，然后坐下来感觉是否合身。衣身最标准的长度应该盖过臀部。

（3）如果想要显得纤瘦，应当选择单排扣西装。穿双排扣西装外套时应选择扣上排纽扣或下排纽扣，纽扣不要全部都扣上。

（4）男式西服的色彩搭配

最容易被接受和最容易搭配的男式西装颜色是浅蓝色、浅灰色或褐色。选择较为正式的服装必定要先决定主色调，接着再选择配件。这三色系的具体情况如下：

1）蓝色系。蓝色系是从浅蓝一直到接近黑色的深蓝。水蓝色调适合在假日休闲时穿着；深蓝色端庄、冷静、睿智并简洁有力，是不会被淘汰的颜色，适合在正式场合用。选择深蓝为主色调时，在搭配色上就要尽量选择柔软色，如白色或浅灰色，这种搭配方法保险又出彩；鲜黄色或橘黄色则是搭配的禁忌。

2）灰色系。可以将黑色也归于灰色调。要根据灰色的深浅程度把握原则，避免过多的副色出现。全身上下最好控制在3种颜色以内，白色是普遍的搭配色。浅灰色西装内穿上一件黑色衬衫，配上一条灰黑色领带是很酷的搭配。

3）褐色系。是指像枯叶加泥土的混合色，这是一种相当不容易搭配的颜色，但只要选择合宜的搭配色，也可以造就品位出众的感觉。一袭褐色全套西装，配一件墨绿或橄榄绿的衬衫，很吸引目光。

（5）忌西服上、下袋有过多的杂物，袋内鼓囊囊。西装的上袋是手帕袋，可插上折一角或三角的手帕或空着，忌插钢笔等物品。

2. 西裤的挑选方法

在选购长裤时，腰围是重点。丈量裤子长度时，最好是穿着皮鞋。如果裤管有反折的设计，反折高度约为6 cm；没有反折的裤型，后脚跟的裤长稍长于前面，略盖住脚跟。在感觉舒适的范围内，裤裆应尽量地高，过低的裤裆看起来邋遢。裤头与腰同高,大腿部分保持足够的宽松度,侧面看口袋部分要平顺服贴,这样整体看起来才优雅。

3. 衬衫的挑选和穿着方法

(1) 白色衬衫传递着诚实、聪明和稳重的感觉,应该是男礼仪主持人的首选。颜色越淡,底色越精妙,给人留下的印象越好。

(2) 西装多与衬衫搭配着穿,衬衫衣领应高过外套衣领半寸,衬衫袖长也应长于外套半寸。忌衬衫领子太大,领脖间存在间隙。如不打领带,则忌扣紧衬衫的领口。着西装时衬衫袖子应扣纽扣,忌衬衫下摆放在西裤外。西装里面忌穿过多的羊毛衫或毛衣,否则会显得臃肿。

(3) 有的衬衫纽扣可能是暗扣的形式,也应该将这些纽扣扣好。另外,衬衫领子一定要熨平、挺括。

4. 领带的搭配方法

(1) 穿西装一般应配领带,领带的标准结法应是扎实的倒梯形,下摆忌扭曲或歪斜。领带下垂忌过长,粗端下垂至皮带扣,细端要比粗端短,忌露出。

(2) 领带的宽度应大致和西装上衣延及胸前的翻领的宽度相似。

(3) 纯真丝领带产生的效果最佳,体现出来的优雅感最好,也最容易打好。亚麻领带太随便,又易起皱,只合适在较暖和的天气戴。毛料领带不仅外观随便,而且打起来困难。人造纤维领带有发光的特点,若希望给人留下淡雅的印象最好不选用,因为人造纤维领带颜色刺目,可能有损职业形象。

5. 鞋袜与西服的搭配方法

(1) 搭配西服忌穿运动鞋、布鞋和凉鞋,忌皮鞋和鞋带颜色不协调。男性应穿黑色或棕色的皮鞋,其他颜色都不妥。系鞋带的皮鞋是最保守的选择,几乎广为接受,但系鞋带的皮鞋在晚宴场合中会显得有点笨拙。无带的皮鞋较为大方得体,朴素大方,鞋帮较浅,无论白天还是晚上,在正式场合中都较合适。

(2) 袜子的颜色应和衣裤的颜色相协调,因此,颜色多为蓝色、黑色、灰色或棕色。袜子的长度应该以跷腿时不露出太多的胫骨为宜,在移动双脚时不至于在脚踝部隆起。总之,弹性较好的裹及小腿处的袜子是最好的选择。

6. 配饰与西服的搭配方法

（1）手表应该大方，不宜配戴卡通手表、运动型手表。在任何情况下，避免戴看似廉价的伪劣金质表带。

（2）已婚男性可以戴结婚戒指。除此之外，其他首饰都不妥当。手镯、项链或者纪念章都可能传递错误的信息。

礼仪主持人女性着装搭配

1. 同色套装的色彩搭配技巧

纯单色缺乏生气。例如，棕色套装、棕色皮鞋、棕色长筒袜、棕色钱包、棕色围巾或其他任何一种从头到脚的单色组合都是呆板的，礼仪主持人需要其他颜色来做点缀。

（1）黑、深蓝色、深咖啡等深色西服外套，可选择浅色的衬衫与毛衣。

（2）白色、米黄色等浅色西服，可选择深色衬衫和毛衣。

（3）穿黑色套装时一定要搭配一些亮丽的颜色，如蓝或红的丝巾、松石绿的衬衣、闪烁的胸针等。另外，鞋和包的颜色也可以选择艳色，因为它们是小面积的点缀，可以为一些单调的套装添彩。

2. 女式西装的质地

（1）瘦弱的人穿上太薄的衣服会给人以呆板、乏味的感觉，而质感、厚实一点的衣料会使她们看上去精神抖擞；胖的人则相反，衣服质地太厚会显得笨重，但也不能太薄，否则体型弱点就暴露无遗了。衣料以薄厚适度为宜。

（2）20岁左右的女性应选择条绒、亚麻料、化纤产品等以活泼为主的面料，西服的面料不一定要十分高档，太高档的质地会限制行动。成熟的女性以及有身份的女性可选羊绒、羊毛、高档化纤等高档的面料作为西装的衣料。

3. 鞋袜与服装的搭配

（1）礼仪场合，女性不要穿有长而尖后跟的高跟鞋。中跟鞋是最佳选择，既结实又能体现职业女性的尊严。

（2）肉色丝袜作为女式西装的搭配着装是最适合的。

4. 礼仪主持人女性着装注意事项

（1）服装做工要精细。针脚应直且无明显痕迹，如是方格和条纹的衣服，方格与条纹应相吻合；底边、拉链都应平直，纽扣孔与纽扣相吻合且紧凑。

（2）在礼仪场合中，女士最好穿着西装套裙，穿着要注意以下几点：

1）穿着的裙子长应及膝，不要穿外露小腿过多乃至露出大腿的开衩裙。超短裙、背带连衣裙只适用于家居或度假，在正式场合中穿着是失礼的。

2）裙装一般要配上衬裙。比较恰当的衬裙应该只比外裙短 3 cm 左右，有些人图凉快或省料，将衬裙做得很短，这样从外面看上去，一条裙子变成了两截，影响服装的美感。

3）忌穿裙时随便蹲坐。女士穿着裙装下蹲或坐立都要落落大方，应避免不良姿势，如蹲着时不要让裙角着地，坐着时应双腿并拢，尤其是穿短裙时不要双腿分开，否则有失雅观。

（3）袜子不能有脱丝。为保险起见，女性应在包里放一双袜子备用，以备脱丝时能立即更换。长筒袜、连裤袜是女性的"腿部时装"，袜子的颜色要与裙装协调相配，袜口应隐于裙子之中，以保持整体美感。忌穿"三截袜"——袜子口露于裙子之外，会造成袜一截、腿一截、裙一截，缺乏美感。另外，在礼仪场合，绝对不能不穿袜子。

（4）忌拉链不到位。衬衫、裙子上安装的拉链，要经常检查是否拉到了合适的位置。领边、肩头和袖口等处也要注意，不要使内衣外露。女士内衣肩带外露是女士着装的大忌。

 礼仪主持人体态语

 学习目标

➢ 了解体态语的基本概念
➢ 了解体态语在礼仪主持中的作用
➢ 掌握对体态语进行设计的基本原则
➢ 熟练掌握礼仪主持中体态语的运用技巧

➤ 掌握对观众体态语观察和分析的技巧

 知识要求

1. 体态语概述

(1) 体态语的定义

体态语是一种表达和交换信息的可视化符号系统,由人的面部表情、身体姿势、肢体动作和体位变化等构成。它是日常使用十分频繁、功能十分强大的交流工具。体态语作为一种语言,表意性是其基本特征。体态语所传递的信息可以是某种情感或态度,也可以是数量或事件等。这些功能和有声语言的功能类似,只是它使用的语言符号比较特殊。

体态语语言功能必须在交流过程中实现,这又反映了其交际性。在日常生活中,交流是一个很宽泛很难界定的概念,但体态语的交流被界定在人与人之间。交流是一个互动的过程,包括信息发出者、接收者及其载体或代码,交流过程是特定编码形式的信息由一个人传递给另一个人和多个人的过程。

体态语又不同于人们的一般动作。一般动作是全身或身体的一部分功能性的活动,既不表达情感,又不传递交际信息,不属于体态语。睡觉和吃饭是基本的生理需求行为,这些行为几乎不会被定义为体态语。但如果能够承载信息并被其他人感知和理解,就属于体态语。

(2) 体态语的分类

按照学术观点,可以把体态语分为体势语(身体的姿势)、体距(身体间的距离和位置)和体触(身体间的接触)三方面。

人的表情以及手、腿、脚、躯干的姿势都属于体势语,研究体势语的科学被称为身体行动学。

研究体距的体距学也被称为人类领域学,这项科学来源于对动物行为学的研究,它认为人和人之间都具有肉眼看不到的"围墙",即各自的势力范围。美国西北大学人类学家和心理学家爱华·霍尔博士认为:人在文明社会中与他人交际而产生的关系的远近、亲疏是可以用界限或距离的远近来衡量的。霍尔博士将人类平时所能意识到的空间范围划分为四个界域。

一是亲密距离(0~45厘米),这是夫妻、母子、好友(女性)之间做出爱抚、安慰、保护等动作所必须的距离。

二是私人距离(45~120厘米),是指用自己的手就可触到对方或可以相互接

触到手指的距离。

三是礼貌距离（120～360厘米），也称社交距离，通常用在处理个人事务或在正式社交和业务往来中使用。

四是公众距离（360厘米以上），这种距离常用在教师讲课时与学生间及演员与观众间。

研究体触的体触学讲述了任何人都有与其他人接触的欲求，常见的有自我接触和与他人接触两种情况。

体势语、体距、体触这三者是可以同时进行的。比如两个人距离1米，互相朝对方探着身子交谈；两人虽然距离1米，但各自僵硬着身子，目光没有交流，互相排斥。很明显这两种状况表达了不同的意义。再进一步，每一个领域内又可以进行细分，比如体势里就有面部、头部、四肢、躯干等若干部位，不同部位又有其不同的生理特点。而且在很多情况下，各部位会共同作用，比如头部和手势、上下肢之间，组合的方式更是丰富，这就使体态语的表达更加错综复杂。

2. 体态语与礼仪的关系

体态语和礼仪天然地具有千丝万缕的联系。体态语和礼仪二者出现的背景都来自社会交往活动，他们都源于生活，用于交际。体态语是一种用身体动作进行信息传递的方式，而礼仪是在交往活动中形成的起约束作用的行为规范。这两者都是在交际活动中出现的，其目的都是为交际活动服务。

从传播的角度看，礼仪可以说是一种在人际交往中进行相互沟通的技巧和规则。礼仪经常以体态语的形式出现，体态语在社会礼仪表达中占有重要的地位。礼仪所表达的主要意思就是约束自己、尊敬交流的对象，这要通过一定的程序、方式来表现，体态语是其中一种表现形式。礼仪是对共同交际规则的遵守，是对交际双方的尊重，并在交际过程表现为特定的体态动作。尊重的理念和外在表达形式逐渐被许多人普遍接受，形成了礼仪。

不是所有的体态语都是礼仪，合理的体态语运用才是礼仪，而所谓"合理"就是受到礼仪规则的规范和制约。交际的合作性要求交际双方遵守共同的交际规则，采用共同接受的交际语言，礼仪规则应满足这一点。礼仪规则渗透到体态语使用的方方面面，如何恰到好处地使用体态语就是一个礼仪问题，了解了体态语恪守的核心理念，便可以对身边的体态语形式进行研究分析，思考生活中出现的体态语问题以及自身行为和现代礼仪的差距，这样对症下药，使体态语行为日臻完善。

3. 体态语在礼仪主持中的作用

体态语在交流的每一面都有举足轻重的影响力，成功的人际交往很大程度上依赖于无声表达自己以及准确理解别人的体态语。平时用体态语来传达建议、同情、谴责等词语难以充分表达的情感，也可以用来展现不必要用语言表达的感情、态度和反应。一个人要全面地理解交流，必须注意到无声的对话，用敏锐的观察力体察身体语言的细微之处，比如表达沟通的愿望只需要通过身体的移动表达，表示不信任时只需要抬一抬眉毛，安慰对方时可以通过拍肩膀来表达。

(1) 体态语对谈话过程的重要控制作用

一次谈话是一系列听和说的过程，体态语可以起到控制交流过程的功能，如交谈开始、话题转变、交谈结束等都可以通过体态语进行掌控。交谈不是偶尔发生的，事前应该有许多迹象，目光交流和体距扮演着最重要的角色：当距离较远的时候，会用微笑、挥手、快速地前后点头、慢慢抬起头等动作打招呼；在互相走近的过程中，会增加注视的次数；在互相只有3米时互相注视、微笑；走到伸手可及的距离时，就改为身体前倾、握手、拥抱等姿势打招呼了。在谈话过程中体态语的运用有时就像润滑剂一样，使谈话顺畅自然地进行，没有体态语参与的谈话是很难深入下去的。试想，如果一个人在谈话时面对一个完全没有视线交流的听众，积极性肯定会受到伤害，也就没有了继续交流的欲望；相反，如果讲话者表情呆板、身体僵硬，听众也会觉得自己不被重视，交流不能顺畅进行是可以预见的。

在谈话中还会遇到改变话题和控制话题的情况，这时如何用体态语进行暗示也是一个值得讨论的方面。首先要明确话题的边界标志。在两个话题之间的交界处做出一些动作，如身体向前倾还是向后倾，交谈双方靠近还是远离，都可以表现对话题的态度。

如果希望结束谈话，但又不愿直接说出来，可以用下面这些体态语暗示出来：不停地看表、不和对方进行对视、从坐姿改为站姿，这些都是不伤和气的暗示小技巧。

(2) 体态语可以执行管理职能

人际交流是一系列的话轮，需要有保证个体不受打扰的交流规则管理。话语流畅的转换是体态语暗示的一个主要功能，说话者会用体态语传递是否继续说下去的意图。

比如，甲乙两个人创造了一个话轮，甲说话过程中会出现以下两种体态语：第一种，在口语同时还伴有持续的手势、眼光从听众的面部移开、口语中断的间隙会用"啊、嗯"等填补，这些都表明甲还有话要说，不愿让出话语权；第二种，如果甲看着听众、保持无声的沉默、停止头或臂的动作就表明希望听取别人的意见。乙对甲的谈话一般有三种体态语反应：第一种是盯视说话者，并伴有点头、身体前倾的姿势，表明乙愿意积极地参与交流，有说话的欲望，伸出食指、深呼吸并伴有背部挺直也可以看成发出说话意愿的要求；第二种是微笑、皱眉、点头和摇头、挑眉、发出较短的"嗯、啊"声等体态语，表示一种反馈但没有发表意见的愿望；第三种是放松的姿势、沉默、不看说话人，表明对谈话持消极态度。甲的第二种体态语和乙的第一种体态语相遇，话轮会较成功地转换；甲的第一种体态语和乙的第二种体态语同时产生，证明乙对甲的谈话很有兴趣，交谈在顺利进行中；乙方第三种动作体现出的消极态度往往会导致交流的失败或中断。

听话者在表达说话意愿和积极反馈时都会做出点头的动作，辨别是有说话意愿的点头还是作为反馈的点头有两种方法。一是，看伴随点头的其他动作属于哪个类型；二是看点头出现的时间，如果是在谈话过程中频频出现，那就是反馈性的，如果点头出现在话轮连接处——话语权有可能转换处，就是有说话意愿。

当然，过多地点头对交流没有太大意义，首先因太频繁，说话人容易忽略其真实意义，其次有敷衍之嫌。经常可以看到有人在听别人说话时不停地点头，好像鸡啄米似的，有时也在喉咙里发出"嗯""呃"等含糊不清的声音，但这种点头动作并不能说明在认真听对方的话，更不表明听懂了对方的意思。可以通过观察这类人的眼球来判断其是否专注交谈。如果眼球不大转动，眼神呆滞就说明在敷衍了事。

有学者指出，人的眨眼动作就像照相机的镜头一样，每一次眨眼，表明大脑处理完了某种通过眼睛接受的信号。上面说的那种人，虽有点头动作，但语言和眼部动作的不协调，有两种可能：或是为了某种原因，不宜表示反对，只得用点头来应付；或本来就没有明白对方的意思，只是用点头来掩饰实情。

4. 体态语设计基本原则

体态语在说话过程中具有特殊的表达功能。但是，它毕竟只是完成表达任务的手段，而不是说话所追求的最终目标。对于口才来说，体态语并没有独立价值，而只有辅助价值，在谈话过程中处于从属地位。正是这种从属地位决定了体态语的设计和运用必须由表达的内容、情绪、对象等因素的特点来决定。体态语的设计必须遵循以下几个基本原则：

(1) 要服从内容表达的需要

这是体态语设计的根本宗旨。美国历史上有位名为雷布斯的政治家，他在伦敦作《关于劳工问题》的演说时,中途突然停了下来,取出怀表,站在那里望着听众足足有一分多钟。听众都觉得奇怪:怎么回事?难道忘了说辞?就在大家猜疑之际,他突然大声说道:"诸位,方才大家都感到局促不安的72秒钟的时间,就是一个普通工人砌一块砖头所需要的时间。"大家恍然大悟。雷布斯的中途停顿动作的设计,既新颖别致,又生动深刻地表达了他在"劳工问题"上的思想和见解。

(2) 要服从情绪表现的需要

任何表情动作都是人的内在情绪和感情的体现。体态语的设计必须符合感情的脉搏,服从情绪的支配,该哭则哭,该笑则笑,该怒则怒,该怨则怨,所有动作须随着说话情感的起伏自然而然地发出,切不可故作姿态,装模作样。

(3) 要服从对象、场合的需要

无论表情、动作、姿态都须考虑和适应特定的对象和场合。跟情人约会与会见同事时的神态应该是有区别的;参加喜庆活动与参加悼念活动时的举止、仪态也应该不同。

(4) 要服从审美的需要

体态动作直接作用于人们的视觉器官,美则令人悦目赏心,丑则令人反感厌恶。因而无论何时何地、坐着站着,一颦一笑、一招一式都要注意造型美,以适应人们爱美的心理。一般来说,男尚阳刚,女尚温柔。在设计体态动作的时候,一定要注意体现出性别特征和个性特征。男人要有男人的气质和风度:刚劲、强健、粗犷、潇洒;女人要有女人的柔情和风姿:温柔、细腻、娴静、典雅。阴阳怪气、不男不女以及轻佻的姿态、猥亵的神色、放荡的举止、粗痞下流的动作等,都是口才和审美的死敌。美是口才的形象,也是口才的境界。因而谈吐、举止都须服从审美的需要。

 技能要求

礼仪主持中体态语的运用技巧

礼仪主持人在不同的交际场合会使用不同的体态语。因此,判定体态语使用是否适当应根据交际性质和交际目的而定。

1. 手势语

手势语是指通过手的动作表现出来的一种体态语,是典型的体态语。在多数情况下,手势语作为一种伴随语言,伴随有声语言出现,使有声语言行为化,或重点

强调，或辅助口头表达。手势是主持人在节目中使用较频繁的一种态势语言。主持人无论是有意识还是无意识都会在主持节目时或多或少地利用手势来有效地表达内容、强化效果。这样或那样的手势往往伴随着有声语言而出现，不仅让呆板的画面活跃了起来，而且增强了交流的效果，丰富了表达的内容。主持人要善于运用手势扩展有声语言的表现领域，同时也可以以此完善、美化自己的外部形象。

手势语的构成很复杂，可以从不同的角度划分。如果从手的部位来分类，主要包括手指语、手掌语和手臂语。

(1) 手指语

"大拇指"动作一般表示夸奖、很好，但有时表示高傲的情绪；"十指交叉"一般表示自信、敌对情绪、感兴趣；"抓指式"一般表示控制全场之势；"背手"可给自己壮胆、镇静，也表示自信，但对有的人是种狂妄表现；"手啄式"表示不礼貌的动作，本身就有一种挑衅性、针对性和强制性。以上都要看具体环境和当时面部表情。

(2) 手掌语

手掌"向上"表示诚恳、谦虚；"向下"表示提醒、命令；"紧握伸食指"带有一种镇压性；"搓掌"表示期待，快搓表示增加可信度，慢搓表示有疑虑；"手掌向前"表示拒绝、回避；手掌由内向外推表示安慰，把所有的问题概括起来；"劈掌"表示果断、决心。

(3) 手臂语

手臂交叉表示防御；交叉握拳表示敌对；交叉放掌表示有点紧张并在努力控制情绪；一手握另一只手上臂，另外一只手下垂表示缺乏自信。

同时，对手势语的掌握要注意以下几点：

1) 恰当。主持人对手势语的使用不能太多、太少、太夸张。太少则给人以浮躁、心虚的感觉，这往往会让观众心烦、反感；而过于缺乏手势语，会让人觉得呆板、生硬、疏远。手势语使用的幅度也有讲究，切不可幅度过大，以致肢体语言压过有声语言；也不可过于小气，似动非动，让人无法判断，不能理解其中含义。

2) 自然。手势语的使用要讲究情感所至，自然而然；切不可为"动"而动，给人留下表演的痕迹；或设计一些僵硬的动作，如手臂机械化地上下、起落，而与内容、感情毫无关系，让人啼笑皆非。如有的主持人上场与观众打招呼说"大家好"时，忘记了举手招呼这一手势语，这时如用有声语与眼神表达也无伤大雅，若说完后又来弥补这一动作，就太程序化了，给人以别扭、做作的感觉。

3) 美观。主持人在使用手势语时，一定要考虑美观的因素。有些手势语在生活中使用非常生动，但主持人面对数以万计的观众，就必须考虑效果。如朋友之间聊天，拍拍肩膀表示欣赏、赞同，拍拍大腿表示肯定、同意等，这些手势语在主持现场运用，就有碍典雅、庄重、美观，观众无法接受。

2. 体姿语

体姿语是指通过身体的姿势、动作来表达情感、传递信息的体态语，主要包括坐姿、站姿和行姿三种。

俗话说："站有站相，坐有坐相"，又说"坐如钟、站如松、行如风"，这些都是对人的坐姿、站姿和行姿的基本要求，同样也是对主持人的要求。而且，礼仪主持作为一种庄重的社交活动，要求更为严格和规范。

(1) 坐姿

1）座位的坐法

①如果座位已指定，那么，具体坐法是：走到座位前，背向椅子，使腿靠近椅子，上体正直，轻缓落座，坐的时候上身稍微前倾，两脚自然分开或并拢。女主持人若着裙装，落座时应用手理一下裙边，把裙子后片向前拢一下。坐下后，应双脚并齐，挺胸立腰略收腹，手放在膝上或椅子扶手上，掌心向下，双膝并拢或微微分开，双腿正放或视情况向一侧倾斜。

②如果对方没有明确座位，由自己选择座位或亲自搬动椅子就座时，如何就座是很讲究的，这就涉及位置和距离两个问题。由于座位有上下尊微之分，所以选择什么位置就座，往往就显示出了自己的态度和倾向，因此，应该选择在对方的下座或者比对方座位低一些的位置处。

2）坐姿的禁忌

①入座要轻柔和缓，直坐要端正稳重，不可猛起猛坐，弄得坐椅乱响，造成紧张气氛。

②落座后，两腿不要分得太开，若女性坐时，两腿分得太开尤为不雅。当两腿交叠而坐时，悬空的脚尖要向下，切忌脚尖向上，并上下抖动。

③如果座位是椅子，不要左右晃动，扭来扭去，给人一种不安分的感觉，更不能把腿架在椅子或沙发扶手上、茶几上。

④交谈时勿将上身向前倾并以手支撑着下巴。背部要挺直，不要含胸拱背。

(2) 站姿

站姿的要求是正、直。方法是双脚稍微分开，挺胸、收腹，略微收臀，平肩、直颈、两眼平视，精神饱满，面带微笑，这样给人一种自信的感觉。站立时，两手自然地垂直于身体两侧，不要两手叉腰，也不能双手插入口袋或把双手交握在背后，否则会给对方一种轻佻之感。还要注意站向，交谈时站立的方向应该是正面对着对方，以表示尊重。

(3) 行姿

行姿的要求是轻而稳，胸要挺，头抬起，两眼平视，步频和步幅要适度，符合标准。走稳健直线，切不可歪走斜拐；如果是与人同行时，要注意速度，不能超前，只能平行或略微靠后，否则是失礼行为。

在体态语的使用中尤其要注意胸，胸是最能体现一个人整体精神面貌的身体要素。含胸显现怯懦、自卑，挺胸显示精神优势或情绪高昂，但过分了则转为傲慢自大；女性过于挺胸会被理解为女性故意展现性别特征。肩是男性尊严、责任感的象征。肩平颈正显示正直、刚强，西服垫肩就是这一点的夸张性运用，女性穿垫肩服装有助于体现积极进取的热情。脊背是体现性格、气节的部位，挺拔会体现严于律己而又充满自信的精神状态，但是挺得过分僵直，会被认为是拘板或保守。腰部的态势也有语汇，弯腰有度可以表达谦虚有礼貌，但过分的点头哈腰则会被理解为虚伪的奉承。

姿态的美丑往往是主持人能否吸引广大观众的第一要点。主持人面对无数观众，对姿态更是应该认真对待。首先要端正。主持人在台上一定要站得稳，坐得正，无论是面对观众，还是面对嘉宾或搭档，都要保持正面面向观众，至少要身体的2/3面向观众，切不可背对或侧对观众。而且无论是坐还是站都要肩平、胸挺、背直、头正。其次要灵活。当一种姿态保持太久时，不仅主持人感到累，观众看着也会累，这时应灵活地变换姿态，让画面不至于过于死板。主持人要随时随地地调整身体各部位的姿态，让形式自由、灵活地服务于内容。如主持人和观众说话时，可以正面稍微前倾，含蓄地表现贤淑端庄的风范；而与嘉宾说话时，可以侧身微笑注视对方，身体微微朝外倾斜，较好地表示一种礼让的姿态。

3. 表情语

人的脸是传递言语信息的一面"镜子"，它沉积着人生的体验，折射出内心世界的复杂变化；它既可以独立表意，也可以辅助有声语言的表达，可以让人领会更丰富的内容。主持是一门"视听艺术"，人们不仅要听主持人说了些什么，也在"读"主持人的脸，主持人的面部表情应当正确发挥传情达意的修辞功能。

第一，要真诚，忌矫饰。一般来说，真实的表情是一个人内心感情投射于面部的潜意识流露，所以无论怎么掩饰，观众都能从面部表情中"读"出真伪。古人有

"诚于衷而形于外"之说，意思是"诚"是内心的真实，只有这样的真诚，才是最好的表情语汇。

第二，要鲜明、忌晦涩。面对广大观众，应当用明朗的面部表情体现自己内心的真实，不要似笑非笑叫人难以捉摸。

第三，要适度，忌夸张。主持人的表情过于丰富是"表情泛滥"，这会扰乱人们的注意指向；而有失分寸的夸张性表情，会使人对表达者的语意产生怀疑。

第四，要变化，忌单调。明朗而富有变化的脸部表情可以产生一种"情绪辐射"，感染节目现场的每一位受众；与此相反，如果表情单一，比如现在流行的始终"笑眯眯"的所谓"职业表情"，那只不过是另一种形式的表情苍白罢了，因为一切应该表达的内容都被单一的"笑眯眯"淹没了。

俗话说："面带三分笑，礼数已先到"。微笑是一种无言的答语，起着很微妙的作用。面对陌生人，微笑可以缩短双方距离，创造良好的交谈气氛。主持人不仅要面带微笑，而且要谦和热情。谦和是对他人的敬重。

礼仪主持人要善于微笑，微笑时要注意以下几点：

一是，微笑必须真诚、自然。只有真诚、自然的微笑，才能使对方感到友善、亲切和融洽。

二是，微笑要适度、得体。适度就是要笑得有分寸、不出声，含而不露，不能哈哈大笑、捧腹大笑；得体就是要恰到好处，当笑则笑，不当笑则不笑。否则，会适得其反，给对方留下不好的印象。

三是，微笑要贯穿礼仪主持的全过程，在跟对方见面时要带着微笑，在跟对方交谈时要面带微笑，在跟对方打招呼时要点头微笑，在跟对方告别时要握手微笑。

4. 目光语

眼睛是心灵的窗口，是人的面部表情中最传神、最生动、最细致地传情表意的部分，是主持人与观众交流、沟通的桥梁。因此，在体态语中，目光语是最重要的语言，它与有声语言相协调，可以表达万千变化的思想感情。同微笑一样，目光语也是最富于感染力的表情语言。眼睛凝视时间的长短、眼睑睁开的大小、瞳孔放大的程度以及眼睛的其他一些变化，都能传递最微妙的信息。

在多人的情况下，眼睛注视使用较多的是环视。眼睛向前然后有目的地扫视一下，能较全面地了解听众的心理反应。而且可根据环视随时调整说话的节奏、内容、语调，把握说话的主动权。

在"一对一"的情况下，礼仪主持人目光运用要注意以下几点：

（1）注视对方，目光要自然、柔和、亲切、真诚，不要死盯着对方的眼睛，否则，会使对方极不自在，同时，也不要在某一局部区域内上下翻飞，否则会使对方感到莫名其妙。不要东张西望、左顾右盼，显得心不在焉；不要含胸埋头，显得胆小萎缩或者对谈话不感兴趣；不要高高昂起头，两眼望天，显得傲慢。以上这些都是失礼和缺乏教养的表现。

（2）注视对方时要注意眨眼的次数，一般情况下，每分钟眨眼6～8次为正常，若眨眼次数过多，表示在怀疑对方所说内容的真实性，而眨眼时间超过一秒就成了闭眼，表示厌恶、不感兴趣。

（3）在交谈过程中，若双方目光相遇，相对视，不应慌忙移开，应当顺其自然地对视1～3秒，然后再缓缓移开，这样显得心地坦荡，容易取得对方的信任，一遇到对方的目光就躲闪的人，容易引起对方的猜疑，或被认为是胆怯的表现。

（4）在"一对多"的情况下，主持人的目光语运用除了要符合"一对一"的要求外，还要注意使用环视法，即不能只注视其中某一位，而要兼顾到在座的所有人，让每个人都感到被注视。具体方法是，以正视主要礼仪活动人员为主，并适时地把视线从左至右，又从右至左（甚至从前至后，又从后至前）地移动，达到与所有人同时交流的效果，避免冷落某人，这样就能获得一致好感。

大致说来，礼仪主持人目光语的使用要注意以下几点：

第一，要学会驾驭不同的视角和视线。广义地说，每一种视角与视线，例如正视、斜视、仰视、俯视以及虚视、点视、专注等，都包含着不同的语言信息，只有正确地运用，才能发挥体态语的修辞功能，使口语表达更有表现力。主持人一上场要注意眼神的方向，要有一个"全视野"的环顾。要礼貌地用眼神与全体来宾打招呼，这也是庄重、典雅、大方的修养素质的体现。切不可仰视、斜视，给人以目中无人、冷漠、倨傲的感觉，也不可俯视，目光游离，给人以羞涩、恐惧不安、心中无数的印象。在节目的过程中，主持人如果始终是对全场观众说话，视线一定要保持基本不变的"平视"，以让所有的观众有一种被平等对待、平等参与交流的感觉。

第二，眼神的运用要注意有意识的控制。随着礼仪活动的进行，说话对象的变化，如有嘉宾和现场观众参与的礼仪活动，主持人要注意视线的目标要随着说话对象的不同而转移，要给说话的人以受重视、被倾听的感觉。一定要注视说话的人，同时在介绍嘉宾和观众时，还要注意视线在两者之间的"切换"，这样，才可能让移动的眼神搭起看不见的桥，使交流与沟通畅通。切莫过分依赖"眉目传情"，更不可乱用眼神。眼珠频繁转动，目光闪烁不定，可能让人觉得是故弄玄虚；如果目光游移，或者总是眨眼可能是一种过分强烈的自我表现意识。

第三，要通过眼神传达丰富的内容。对于那些善于用眼神的说话者，人们常用"眼睛会说话"来形容与赞美。这就是说眼神中要蕴含丰富的内容，喜、怒、哀、乐不仅要与有声语言表达的一致，更要传达出有声语言所不能涵盖与传达的意蕴，同时眼神还要富于交流感，切不可孤芳自赏、目中无人。主持人的眼神应该要有内容，要学会用眼睛说话。因为有声语言表达的内容是有限的，生动而富于情感变化的眼神可以让有限的内容变得更加丰富多彩，同时观众可以通过这扇明亮的窗口走进主持人丰富的感情世界。

5. 礼仪主持人体态语注意事项

(1) 体态语应大众化

礼仪主持人举手投足要符合一般生活习惯，易于被人们看懂和接受。不要烦琐复杂、拖泥带水。应避免经常摸嘴、假声咳嗽、咬嘴唇、笑容僵硬、抖动腿脚、交叉胳膊、无精打采和回避目光接触等不规范的体态语。

(2) 体态语应适度适宜

所谓适度，即要求动作要适量，以不影响听者对说话的注意力为度，不要用得过多。有的人做的动作比说的话还多，那不是口才，而是表演。所谓适宜，即要求动作必须与说话的内容、情绪、气氛协调一致，不要故作姿态、故弄玄虚，甚至手口不一。

(3) 体态语应富有变化

说话时，适当的重复动作是完全必要的，它往往能重现或强调原来的情绪。但不要老重复一种姿势，如果一种表情、一种手势到底，则单调乏味，呆钝死板。因此，要善于随着内容、情绪的变化适当地变换动作和姿态，以期生动活泼、富有朝气和魅力。

相对电视节目主持人来说，礼仪主持人与观众的接触更为直接，任何微小体态语的疏忽都可能被放大，导致意义传达的失误。在晚会的主持中，为了配合喜庆的气氛和欢乐的节奏，主持人在体态语的使用上可以略微夸张一些。灿烂的微笑，传情的眼神，优雅的脚步，变化的手势，都要恰到好处地运用，有时甚至可以适可而止地眉飞色舞、手舞足蹈，把喜庆带到晚会现场的每一个角落，让欢乐感染所有的现场观众，给大家留下深刻的印象。其实，故意"做"出的体态语显露的是一种"展现意识"，它的背后是对自己媒介形象缺乏自信，而这一切，都会产生体态语的负面修辞效果。因此，主持人必须完全"沉浸"于节目，全身心地投入自己所主持的礼仪活动，一切体态语完全从具体的活动内容出发，才能有朴实而亲切的外在形象和恰如其分的态势，甚至可以体现出值得信赖的人格形象，这是体态语修辞的最高境界。

> **相关链接**
>
> ### 体态训练——练习上下台的身姿态势
>
> 1. 从座位上沉稳站起。
> 2. 迈步走上主持台，要精神饱满，神态自然，步履沉稳。
> 3. 面带微笑，不左顾右盼。
> 4. 上台后站直站稳，轻轻吸一口气，环视观众。
> 5. 问候观众，面对观众讲话。
> 6. 讲完话后向观众致谢。
> 7. 下台动作沉稳，体态端庄，走姿与上台相同。

对观众的体态语进行观察和分析

礼仪主持人在日常与人交往过程中，要多"察言观色"。日常生活是最好的实践机会，生活中接触到的形形色色的人群是最好的指导老师。

礼仪主持人对观众体态语的观察和分析，有助于主持工作的顺利进行和获得较好的效果。对观众体态语的观察和分析主要包括以下两方面的内容。

1. 面部表情的观察

人的面部表情是最为丰富的，有人统计出人脸所能做出的动作表情多达25万种之多。据有关专家研究认为，从人的面部表情中获得的信息量可达50%以上。观众的面部表情会有许多变换，主持人必须能够体察到这种表情的变换，并分析判断其内在心理。

（1）观众自信不足、心情紧张时，往往会面部涨得通红、鼻尖出汗，目光不敢与主持人对视。

（2）当主持人提出某些突然性的问题时，被问者的目光也可能久久地盯着自己的双手或双脚，虽然未做任何语言反应，但这可能反映了其内心的斗争与思考过程。

（3）当主持人提出某一难以回答或窘迫的问题时，被问者可能目光黯淡，双眉紧锁，带着明显的苦恼焦虑或压抑的神色。

（4）有时嘴角肌肉的微小活动可以反映出一个人心理活动的内容，如轻视、思索、自信、下决心等。

借助于对被问者面部表情的观察与分析，可以判断被问者的情绪、态度、自信心、反应力、思维的敏捷性、性格特征、人际交往能力、诚实性等素质特征，并据此及时调整自己的主持。

2. 身体动作的观察

在交流过程中，人身体的运动在信息交流过程中也起着重要作用。非语言交流的躯体表现包括手势和身体姿势，按照某些行为科学研究者的看法，手势具有说明、强调、解释或指出经过推敲而运用的。手势的运用是与身体姿势相关连的。借助手势与身体姿势人们可以表达惊奇、苦恼、愤怒、焦虑、快乐、自信、灰心等各种内在心理活动。在相同的文化背景中人们的这些表现往往是很相似的。有时言语表现不够理想，就必须借助身体姿势与手势。在交谈过程中，具有不同心理素质的人，其手势也不同。

一个情绪压抑郁闷的人除了目光黯淡、双眉紧锁之外，可能两肩微垂，双手连续地做着某个单调的动作，身体移动的速度相对较慢。

一个心情急躁、焦虑的人，常常会有无休止的快速手足运动，双手可能在不断颤抖。

一个行为退缩、缺乏自信和创新精神的人，会始终使自己的双手处于与身体紧密接触的部位（如双手紧插在衣兜里等），头部下垂。

一个人处于烦躁不安的情绪时，往往坐不稳，膝盖或脚尖有节奏地抖动，手不停地转动手里的东西，摆弄衣服，乱摸头发等，这些动作往往是人的感情的自然流露，是无声的表白。

身体姿势的改变也是身体语言中最有用的一种形式。因此，在交谈中观察这种改变可以得到从对方言语交流中得不到的信息。比如，交谈时被问者开始可能用某种自然的姿势坐在椅子上，但是突然就改变了姿势，双手交叉在腋下，向后靠在椅背上，或跷起一条腿等。这些貌似无关的变动，可能反映了被问者内心的冲突和斗争。

清楚了交谈中被问者的习惯性体态语以后，主持人也就清楚自己该怎样做。体态语是个长期习惯形成的行为特征，重视对体态语的观察、分析和判断，有助于礼仪主持人自身工作的开展。

第2节 调动现场

 学习单元1　礼仪主持人即席演讲

 学习目标

➢ 了解即席演讲的基本知识
➢ 熟悉即席演讲的关键
➢ 掌握即席演讲的心理调控方法和辅助措施
➢ 熟练掌握即席演讲的具体步骤
➢ 能够在不同的场合进行即席演讲
➢ 能够在实际运用中遵循即席演讲的普适性礼仪规范

 知识要求

1. 即席演讲的基本知识

（1）即席演讲的概念

常规意义上的演讲，又称演说或讲演。它与一般的交谈或闲聊不同，演讲是当众进行的正规而庄严的讲话，是在向听众就某一事件、某一问题发表个人见解，或是论证某种观点。

即席演讲又称为即兴演讲或即时演讲，它相对于命题演讲而言，指演讲者在某种特定的景物或某种特定的人物、气氛的激发下，兴之所至，在事先没有准备或没有充分准备的情况下有感而发的临时性演讲。如日常生活中的各种礼仪讲话（包括生日祝词、婚庆祝词、节日祝福、迎送答谢辞等），商务活动中发表的演讲（包括欢迎辞、欢送辞、祝贺词、答谢辞、介绍词、解说词等）。

即席演讲往往具有临时性、广泛性、应酬性等特点。由于它们在表情达意方面的针对性、快捷性、真切性，适应快节奏、高效率的现代社会生活需要，因此，也备受人们的欢迎。

(2) 即席演讲的特点

1) 话题集中，针对性强。

2) 临场发挥，直陈己见。不像命题演讲事先拟好讲稿，也不像辩论演讲事先进行模拟训练，演讲者往往是当场打腹稿，说情况、讲道理、表看法、提意见，很少绕弯子。忌观点模棱两可，晦涩艰深，令人不知所云。

3) 生动活泼，短小精悍。即席演讲贴近生活实际，短小精悍，简明扼要（时间一般控制在1~5分钟，有的甚至只有一句简短的话），亲切感人。具有思想性、趣味性、知识性。忌冗长杂散、啰唆重复和不着边际的官话、空话。

4) 以小见大，借题发挥。以点带面，从现象到本质，阐述具有普遍意义的人生道理、生活哲理、社会真理。

2. 即席演讲的六个关键

(1) "真"

"真"就是要讲真话，吐真情，交真心，使人一听就知道是真心真意，而不是敷衍人。只有这样的即席演讲才能感动人，吸引人，征服人。以《在欢送中国作家协会三峡采风团宴会上的讲话》为例，主持者的讲话着重于思亲之情："明天各位就要同自己的夫人、先生、孩子见面了，大家的心跳肯定已经加速，各种各样见面时的动人镜头大概已开始浮现在眼前。（笑）可想而知，大家是多么高兴啊！当然，我也是一样（大笑并鼓掌）。"这段话为什么能得到大家的认同呢？关键是讲出了真话。各地作家从出发到返程，离开温暖的家庭近10天了，哪有不思家的。演讲者通过亲情的魅力提升了讲话的亲和力。

(2) "准"

"准"就是讲话的观点要正确，用词要准确，事例要确凿。不能信口开河，不能似是而非，不能前后矛盾。这不仅是对各类会议上和工作中即席演讲的要求，而且也是在其他场合中即席演讲的最基本要求。在各类会议上和工作中的即席演讲，"准"的要求能够引起重视，而在节日庆典、欢迎欢送、告别答谢等情况下的即席演讲，容易出现疏忽。要避免不准确的问题发生，演讲者必须注意不能为追求幽默而故弄玄虚。"幽默"的前提是"准确"。

以在某对新人结婚典礼会上的讲话为例，婚礼主持人说："今天，从法律程序上讲，我是最关键人物，因为在举行仪式之前，他们之间的相亲相爱，只能算是自选动作。今天我出面证婚之后，他们之间的动作才算是规定动作。（鼓掌、笑声）他们俩从相识到相恋，前后谈了11年。11年啊，就是8年抗日战争，3年解放战争的时间。（笑声）他们谈恋爱的11年，双方经过了多少考验，打败了多少情敌，只有他们自己说得清楚，我这个证婚人是哑巴吃汤圆——'没有数'。（大笑）不过，这是隐私，不能追究。（继续大笑）由此可见，幸福来之不易，想说爱你不容易啊！（大笑）"这段幽默，讲"自选动作"与"规定动作"的前提是从"法律程序"上看的，同时也是以证婚前后来划分的。在讲到新人谈恋爱的情况，前提是他俩的确是如此，在这个前提下再加上"双方经过了多少考验，打败了多少情敌"的分析，加大幽默的分量，做到既幽默又准确。

(3) "精"

即席演讲切忌拖泥带水。不管哪类情况下的即席演讲，都应力求做到论述精辟，语言精练。有时甚至要做到当听众兴致未尽的时候，戛然而止，这样会收到意想不到的效果。

例如，在招待"文明城市巡礼"采访记者酒会上的祝酒词中，主持人说道："朋友们、同事们、女士们、先生们：今晚我们因'文明城市巡礼'的圆满结束而相聚在一起，省委宣传部、省文明办设便宴向您们表示衷心的感谢！为此，我提议：为了今天合作的成功，为了明天成功的合作，为了友谊的真诚，为了真诚到永远，干杯！"这篇祝酒词不到1分钟，通篇95个字，不可谓不"精"。

(4) "清"

"清"就是要求讲话逻辑严密，条理清晰。作文有文法，讲话有话规，切不可语无伦次，也不能出现开了头收不了尾的现象。思路清晰同样是讲话的基本要求，在思路清晰的前提下再讲究语言美。讲话时在脑子里先考虑一个开场白，内容用三层意见来表达。即"一是感受，二是所受到的启发，三是几点建议"。这样可以达到思路清晰，然后填入内容，讲话采取抽丝剥茧的方法，使听众便于听，便于记，也便于理解。

(5) "趣"

"趣"就是应具有趣味性，不能干瘪无味。只有具有趣味性才能抓住听众。讲话不仅要运用逻辑思维，而且还要运用形象思维。适当运用故事、事例、比喻、幽默等，效果会更好，但必须服从主题。

例如，《在××市庆祝荣获全国文明城市创建工作先进城市大会》中，主持人说："××市这一届市委和政府，代民谋富，政策清明，硕果累累，成绩卓著，应获殊荣，祝马到成功。"这段话赢得了热烈掌声和欢笑声。因为××市的市委书记名为应代明，市长名为马清明，讲话巧妙地把市委书记、市长的姓名贯于其中，很恰当，效果很好。

(6) "深"

所谓深，就是讲话要以典型的事例、浓烈的感情、深刻的哲理，扩充前人所发，阐述前人所发，揭示出事物的本质，给人以启迪。这样的讲话才会有影响、有生命力。讲话的深刻性，不管在哪种形式讲话中都应该得到体现。在节日庆典、欢送欢迎、告别道谢等活动的即席演讲中，尽管言语不多，但同样可以找到"深"的用武之地，从一定意义上讲，给人的印象、启迪还要深刻一些。

例如，在与援藏干部话别时，礼仪主持人最后说："你虽然暂别了我们，但离太阳更近了，你虽然暂时离别了家乡，但站得更高了……两年后，你一定会变得釉红釉红。"这几句话既幽默，又有着深刻的寓意。

3. 即席演讲的心理调控

对于一个正常人来说，讲话并不难，生活中的讲话是家常便饭。但是当需要就某一主题在某一特定场合，面对众多听众讲话时，有的人就会怯场。这完全是一个心理问题。一般来说，初次即席演讲总是有些紧张。即使是世界著名的政治家，在第一次登场讲话时，也会发生胆怯。英国前首相狄斯瑞斯黎、爱尔兰政治家潘乃尔、美国前总统林肯等都曾出过洋相。要解决怯场问题，最根本的办法就是要多实践、多学习、多积累知识。讲话前尽可能做好构思准备。在即席演讲中会遇到三种情况。

(1) 一开始就紧张

一要暗示自己没有什么可怕的，把讲话的对象当成自己的父母、兄弟、老师、朋友，相信他们都是支持、理解自己的；二要有自信心，相信以自己的能力和水平能够讲好；三要自减压力，要告诫自己即使出现失误也是常事，世界上没有常胜将军，今天的失败是明天成功的起点，这样就会慢慢镇静下来。

(2) 在讲话中途"卡壳"

遇到中途"卡壳"，千万不要惊慌失措。这时候可以继续讲前一个题目的内容，哪怕有些重复也不要紧。或者采取喝水等方式调节一下。预防"卡壳"的关键是在"打腹稿"后，不能死记硬背。当然，克服"卡壳"的根本方法仍然是要多实践、多锻炼。

(3) 会场秩序不好

会场秩序直接影响即席演讲的质量。如果在讲话时，特别是中途会场秩序不好，可以停顿下来，等安静下来后再讲。

4. 即席演讲的辅助措施

即席演讲效果如何，除上述方面外，辅助措施也发挥着不可忽视的作用。在实践中，主要有六点。

(1) 调节声音大小

在讲话中，可根据内容和表达的需要，随时调节声音大小。一次讲话不能以一个音调讲到底，当然也不能起伏太大，或者变化太频繁。

(2) 控制节奏快慢

讲话节奏快慢是讲话能否成功的技术性措施。一次讲话同样不能以一个音速讲到底。讲到精彩高潮处，心情激动时，就加快速度或减慢速度；讲到需要提请注意的地方，就停顿或者重复。

(3) 通过表情传递

在讲话的时候，有时露出笑容，有时双眉紧锁，有时朝前面看看，有时朝侧面望望，这些都可以根据讲话的需要，配合进行。

(4) 运用手势表达

如果说讲话是红花的话，那么手势就是绿叶；如果说讲话是第一语言的话，那么手势就是第二语言。可见手势在讲话中的作用。手势具有激励作用、吸引作用、替代作用。当然，手势同样不可用得太频繁。同时，要不断摸索在什么情况下用什么样的手势。

(5) 注意仪表协调

在不同的时间、不同的地方给不同的对象讲话，在穿衣打扮上应该有所不同。这样才能使自己从外表上与观众融为一体，使观众首先从第一印象上接受。

(6) 台上台下配合

讲话要有针对性，根据对象不同，讲话的表达方式、语言风格都应有所不同。讲到某一具体问题时，有时可以点事，有时可以点人，甚至可以让台下的人作答。这样可以调节气氛，使台上台下配合默契。

技能要求

组织一篇即席演讲

工作准备

1. 知识素养准备

礼仪主持人的知识积累、兴趣爱好、阅历修养与演讲能否成功有着紧密的关系。"巧妇难为无米之炊",许多礼仪主持人感到演讲的最大困难在于没有演讲材料。这就要求平时做有心人,"家事、国事、天下事,事事关心",广泛地阅读、收集、积累材料,上下、古今、中外的人文科学、自然科学都要学习,同时加强自我的思想、道德、情感等各方面的修养。这是一个长期、琐碎而复杂的工作。重点从以下几方面入手:

(1) 多收集历史资料,对那些重要的历史事件、人物的有关情况要熟记,并分门别类地进行整理。

(2) 多收集现实资料,对当今国内外发生的重大的政治、经济、文化、科技等各个领域的事件、人物的有关情况要了如指掌、进行思考。

(3) 多记名人名言、俗语谚语、古典诗词、寓言故事等。

2. 临场观察准备

礼仪主持人要尽快观察、熟悉演讲现场,及时收集捕捉现场的所见所闻,包括现场环境(时间、地点、场景布置)、听众、其他演讲者的演讲等,以确定自己的话题,增加演讲的即兴因素。

3. 心理素质准备

既然是有感而发,就要有稳定的情绪,有十足的信心,有必胜的信念,这样才能保证思路通畅、言之有物、情绪饱满、镇定从容。

大凡不善于在众人面前讲话的人,在其诸多原因之中,最主要、最根本的原因是存在心理上的障碍,是由于缺乏临场的心理训练。下面介绍一套简单易行的训练方法。

(1) 站立不语练习(练心)

练习者可请家人、同学、朋友做自己的观众,本人站在高于观众之处,目视观众而不开口。此时练习者要进入讲话的心理感受之中,进行心理体验。

这一步是练心不练口。每次站立5~10分钟,直到练习者不觉得十分紧张为止。

(2) 随便说话练习（练口）

练习者心理上已适应在人前站立之后，即可进入说话训练。这时的讲话从内容和形式上，不要给予任何规定和限制。练习者要随心所欲，讲自己最熟悉的话。这时的练习者虽然从心理上初步适应，但开口讲话还缺乏适应性锻炼，此时大脑或紧张或混沌一片，所以这一步练习只要求练习者能开口讲话就可以了，至于内容则可非常随意。

这一步是在练"心"的基础上练"口"，讲话时间以 3~5 分钟为宜。练习者和听众可现场交流对话，轮流演练，直到练习者能在人前自如流利地讲话为止。

(3) 命题演讲练习（表达练习）

在前两步训练的基础上，练习者即可进入命题演讲练习。练习者和听众之间要反复交流，推敲练习者的有声语言、体态语的力度、速度、表情等。此步练习以练习者在"台"上让听众听不出练习者是在背讲稿，也不是"演"为目的，要求练习者达到能够真实自如、从容不迫地讲自己的心里话。

(4) 即席演讲练习（全面练习）

练习者的临场心理和讲话能力都有了一定的提高后，便可进行较高层次的即席演讲练习。练习者以抽签来确定演讲的题目和内容，抽签决定后给予 10 分钟时间打腹稿。

此时练习者的思维处于调整运转状态，这对于提高练习者的谋篇布局、遣词造句能力都是很必要的。

以上四步练习法侧重于实践，初学者如果再辅以一定的理论指导，效果将会更好。

工作程序

即席演讲最重要的一个秘诀是要随时做好准备，另一个重要的秘诀是在开始演讲前要拿出几秒的时间组织一下自己的思想，不要头脑空空地开始，否则会为选择一个合适的词语而常常停下来。有经验的演讲者使用不同的技巧来帮助自己快速组织语言。下面是一些总结出来的关于演讲的方法。

1. 打好腹稿

即席演讲并不是毫无准备的讲话。除了报告类的即席演讲可以列出提纲来讲，一般情况下即席演讲的准备称为打腹稿，要做到以下八方面：

(1) 吃透精神

参加会议要吃透会议精神，参加活动要了解活动的目的。

(2) 把握主题

打腹稿必须紧紧围绕主题，离开主题打腹稿就会出现泛泛而谈，不着边际，不仅不集中，而且思路容易混乱。

(3) 明确要求

如果所讲非所求，讲得再好也无用。

(4) 联系实际

根据不同场合、不同时间、不同要求联系不同实际。从事实的本身产生说服力、感染力。

(5) 理清思路

就像建筑师画出建筑图一样，讲话要对讲几层意思，每层意思如何表述，在心中有准确定位。

(6) 梳理素材

要根据思路梳理素材。

(7) 列出"关键语"

这个"关键语"就是在讲话中必须要讲出来的话。

(8) 想好开头和结尾

开头和结尾是即席演讲的皇冠和压台戏，好的开头等于成功的一半，好的结尾就是锦上添花。例如，某礼仪主持人在参加庆祝湖北省仙桃市荣获全国文明城市创建工作先进城市大会上讲话，构思了讲话的三层意思，尤其是事先构思了开头和结尾的话，最后一句为"祝愿仙桃人民将来生活在仙境之中！"如果没有事先的"腹稿"，是很难一下子想到"仙境"的。这个"仙境"既与仙桃相连，又与优化环境紧密联系在一起。

2. 列出大纲

在准备即席演讲时，列出一个大纲是很有帮助的。这个大纲可以写成一个真正的大纲，落在纸上；或者在头脑中列出一个大纲，只是把它记在心里。在概括要点的时候，尽量选择一种适合主题的有组织的模式。

例如，××要做一个关于"嗜好"的即席演讲，他将这个主题分成了几部分，注意下面在大纲中是如何运用有关联副主题模式的。

××的大纲

导语：

1. 我敢打赌在座的每个人都认识一个瘾君子！是的，我说的是瘾君子。在你们生气前,请先听我解释。

2. 当我们听到"嗜好"这个词时,一般总是将它与毒品或酒精等有害物质联系在一起,我们忘了其实还有其他很多种嗜好,现在我就要提到一些。

正文:

1. 电视方面的嗜好

A. 肥皂剧　B. 侦探剧　C. 体育　(1) 足球　(2) 棒球　(3) 摔跤

2. 书本方面的嗜好

A. 爱情小说　B. 侦探小说　C. 科幻小说

3. 饮食方面的嗜好

A. 冰激凌　B. 巧克力

4. 其他嗜好

A. 购物　(1) 衣服　(2) CD　(3) 古董

B. 业余爱好　(1) 集邮　(2) 摄影

C. 体育　(1) 高尔夫　(2) 慢跑　(3) 游泳

结尾:

1. 现在你明白了,并不是所有的嗜好都是坏的。并且,让你吃惊的是你可能就认识一个瘾君子。

2. 你是哪种瘾君子呢?

礼仪主持人在会议主持上的即席演讲

作为负责掌握和处理会议进程的会议主持人,其即席演讲发生在会议开头、会议议程完成后或会议过程之中。

1. 在会议开始时的即席演讲

在会议开始时,会议主持人的即席演讲犹如开门见山式文章的开头,首先要向与会者讲明会议的宗旨,即为什么要开这个会;同时要讲清会议如何开,即对会议议程要作介绍,使大家对会议的整个进程心中有底;如果会议上不止一个人发言,还应将发言顺序加以说明,一来让与会者知晓,二来也好让发言者知道自己是第几个发言,以便早作准备。有的会议还需要介绍参加会议的上级领导或来宾,会议主持人必须在会前弄清这些同志的姓名及身份,以便做到介绍准确。

2. 在会议过程中的即席演讲

在会议过程中,有的会议可能会有几个人先后发言,此时,会议主持人思想一定要集中,以防止忘记发言顺序,报不出下一位发言者的姓名。更重要的是,在会议有几个人发言的情况下,有时需要主持人在每位发言者讲话后都予以归纳总结,作出简要评价。这种简单评价式的即席演讲,更需要思想集中。再者,如果会议主持人发现有的同志发言超时或者发言内容偏离会议主题,就要注意在宣布下一位同志发言时,重申一下"注意掌握发言时间""围绕会议主题发言",以提醒下面的发言者注意。此外,为了使会议程序流畅,会议主持人可以用即席演讲的方式把前后发言者的内容串起来,以达到承上启下并活跃会议气氛的目的。

3. 在会议议程完成后的即席演讲

在会议议程完成后,主持人一般都要进行小结式的综合归纳和适当评价。归纳和评价的内容应以会议主角讲话的内容为主。如果会议讲话者较多,主持人可以把大家的讲话提纲挈领地加以提炼,用会议主题这根主线把讲话要点串联起来,以加深与会者对会议精神的理解。在归纳和评价的同时,主持人还要强调会后必须认真学习贯彻会议精神,并提出若干如何学习、贯彻的具体要求。

值得注意的是,综合归纳会议讲话,一是内容要准确,否则容易曲解会议讲话精神,误导与会者的思想认识,不利于全面、准确地学习贯彻会议精神;二是归纳要精练,最好能用几句话或分几点把大会讲话尤其是主角讲话的主要内容归纳清楚,以便于与会者好学、好记、好贯彻;三是要有新意,这里的新意一方面指会议发言者的讲话中新意要归纳提炼出来,另一方面指归纳的方法或手法要有创意。对会议发言尤其是上级领导发言的评价要做到恰如其分,不能贬低,也不能拔高,否则会引起与会者的反感,不利于会议精神的贯彻落实。对会议精神贯彻提出意见或要求时,要做到明确,符合客观实际,切忌提些办不到的过高要求。

还需要说明的是,主持不同类型的会议,主持人的即席演讲的风格和内容也要有所不同。比如主持研究工作的会议,即席演讲要强调务实、严谨;主持理论讨论会,即席演讲要注重激发与会者的情绪,引导大家畅所欲言,调动与会者的发言积极性。总之,礼仪主持人应因"会"制宜。

礼仪主持人在庆典主持上的即席演讲

所谓庆典,是指通过举行某种仪式进行隆重的庆祝活动。在这种会上的即席演讲需要强调的就是既要喜庆又要规范。祝贺也好,评价也好,讲话的态度都要郑重,讲话的措辞都要讲究规范,讲话的内容结构都要讲究严谨。切忌百无聊赖地打诨,油腔滑调地浅薄,矫揉造作地作秀,语无伦次地瞎扯。此外,讲话的语调还要有浓浓的喜庆色彩。

礼仪主持人在婚礼主持上的即席演讲

婚礼上礼仪主持人的主持风格或轻松、活泼、幽默,或庄重、深刻、富有哲理。但不论是哪种风格,用词、用句都注重色彩明亮鲜活,力戒沉闷灰暗,格调要昂扬向上、热烈奔放。礼仪主持人在婚礼上的即席演讲应注意以下几点。

1. 注重礼貌,富有真情实感

婚礼主持人在婚礼上的即席演讲既要彬彬有礼,又要有真情实感,洋溢喜庆激情。婚礼主持人应简要介绍一下新郎新娘双方的恋爱经过,祝福一对新人婚后幸福。

2. 在不同的婚礼上即席演讲的区别

俗话说"少年夫妻老来伴",因各种原因离婚或丧偶的老年人如果再婚,也要举办一定形式的婚礼予以庆贺。在这样的婚礼上作即席演讲,需要朴实、平和一些,不宜过分开玩笑。当然,喜庆氛围永远是婚礼的主基调。按风俗习惯,到了银婚、金婚也要庆贺一番,一般由儿孙辈、社会团体或朋友出面举办相应的庆贺仪式。从大的方面讲,这类纪念活动也属于婚礼一类。在这样的婚礼上作即席演讲,可重点讲些爱情长久、品德高尚之类的内容。如果对金婚者的情况比较熟悉,也可以循着双方年轻时恋爱至金婚的轨迹,抚今追昔,赞美一番。

3. 注重幽默

婚礼上的即席演讲,幽默十分重要,幽默不仅有利于活跃婚礼的喜庆氛围,而且有利于展现即席演讲者的智慧和修养风采。当然,幽默的内容要健康,格调要高,不要轻易拿别人开玩笑,也不宜津津乐道于别人的隐私。

4. 借题发挥

婚礼上的即席演讲,为烘托热闹喜庆场面,要善于借物、借景、借时等借题发挥。为此,讲话者要利用好现场,及时发现新鲜话题,努力做到眼观六路、耳听八方、捕捉契机，以便信手拈来、托物起兴。

以下是几个相关的例子。

例3—1

朋友们，新郎的名字叫海泉，新娘的名字叫涛。"海""泉""涛"三个字都与水有关，所以我们可以说，两位新人的名字就蕴涵着一种缘分。此外，水还孕育了生命，蕴涵着生机，凡是有水的地方都会呈现出一派蓬勃的景象。这两个名字的结合，预示着他们的爱情会像大海一样的深厚与深沉，预示着他们的婚姻会像泉水一样的清澈与甘甜，预示着他们的家庭会永远充满着生机与欢乐！

例3—2

各位来宾，各位亲朋好友：

大家好！

今天，非常高兴出席×××、××的婚礼。因为，从今天起地球村上又多了一个幸福温馨的小家庭，我们为××、××而高兴！（热烈鼓掌）

从今天起，我们省委宣传部同省人事厅就正式结为亲家了。俗话说，"抬头嫁姑娘，低头接媳妇"，我观察了一下，人事厅的厅长不仅没有低头，而且还是昂着头，眼睛瞪得圆圆的，目光直视台上的新娘新郎。我猜想，厅长肯定暗暗在想，我们人事厅娶了一个不仅外表美，而且内在也美的高素质媳妇，赢了！其实，我们宣传部的同志也在想，我们宣传部又有了一个潇洒英俊的女婿。今天的婚礼，使人事厅和宣传部获得了双赢！（笑声，热烈鼓掌）

×××是湖北荆州人士，××是湖南湘女，两人虽然籍贯不同，但却有着许多共同点。一是同饮一湖水。都是喝的洞庭湖的水，所以都有水平。二是同吃一种粮。都是吃的水稻专家袁隆平培养的杂交水稻优质米，所以都聪明。三是同为楚国人，一个具有美女王昭君的遗传基因，一个具有爱国诗人屈原的遗风。四是同会写文章。一个是宣传部的才女，一个是人事厅的笔杆子。他们既有共同点，也有各自的特点。×××是荆州人，荆州在湖北的中部，我们湖北有种说法，叫做"唱不过西，写不过东，脑子灵活比不过中"，×××的特点就是聪明灵活会办事。××是湖南妹子，大家知道湖南妹子的特点就是"辣"，辣就是办事泼辣，干脆利索。希望你们发扬优点，扬起特点，展起所长，为事业作出更大贡献。（热烈鼓掌）

×××、××两人恋爱谈了6年，今天他们的喜庆吉日又是农历10月26日，星期六，六六大顺。他俩的名字含义也一样。××的"庆"即庆贺、庆祝之意，×××的"怡"即心情喜悦之意。至此，我用一副对联祝愿他们：国庆家庆年年庆，曾怡心怡事事怡，横批是：万事如意。

谢谢大家！（长时间热烈鼓掌）

婚礼上的讲话要求语言生动诙谐，这也是礼仪主持人应该具备的基本功。婚礼上的讲话既不能用报告的方式和语言，也不能庸俗，有失文雅和礼貌。四个共同点和各自的不同特点，把夸奖寓于其中，把人情风味寓于其中，构思奇妙。最后的祝愿，新颖文雅，寓意深刻。

礼仪主持人在欢迎和欢送会主持上的即席演讲

欢迎会和欢送会各种各样，类型和内容也千差万别。在不同的欢迎会和欢送会上的即席演讲自然有不同要求。但抽象地看，也有共同之处，那就是即席演讲都要符合友好、赞美、真诚等基本要求。

1. 欢迎会

欢迎会有非常浓厚的礼仪色彩，十分注重称呼语（尤其是各种尊称）的使用，会频繁使用各种祝福语和各种感谢言辞。

以下是相关的例子。

例 3—3

2005 年 4 月，胡锦涛会见国民党主席连战致欢迎辞的开头称呼是："尊敬的连战主席和夫人，尊敬的吴伯雄副主席、林澄枝副主席、江丙坤副主席，尊敬的中国国民党大陆访问团的全体成员。"

在欢迎会上的即席演讲主要应讲出欢迎的理由。例如欢迎一位新干部的到来，即席演讲中就应该友好地指出这位新干部将会发挥什么聪明才智，起到什么重要作用，能够帮助解决什么问题和困难，会带来哪些令人欣喜的新变化等。赞美之余，还可以恰当委婉地提出对被欢迎者的若干真诚的期望和要求。

在欢迎载誉归来的集体或个人时，即席演讲中最好能友好地历数其取得的成绩，赞美其付出了辛勤的汗水，并真诚地希望其再接再厉，将来取得更大的成绩。

2. 欢送会

在欢送会上，即席演讲中可以热情友好地回顾与被欢送者在一起学习工作和生活的情形，以勾起曾经互相帮助的友好情谊。同时赞美被欢送者的人品、能力和智慧，并真诚地祝愿被欢送者在新的工作岗位或在完成新的工作任务中发扬成绩，克服不足，继续发挥自己的才干，创造出更佳的业绩。

以下是相关例子。

例 3—4

尊敬的各位书法家：

大家好！

在大雁南飞的季节，南国书法界的专家、学者、老师们云集到江城武汉。至此，我对大家的到来表示感谢！

为什么没有说"欢迎"，而是表示感谢，因为你们的到来带来了灵气，你们的到来带来了改革和创新之风，你们的到来给我们送来了宝贵经验，所以仅仅是"欢迎"远远不够，应该表示感谢。

在座的各位书法家，的确不愧为大手笔。同大家在一起，我深深感到具有"三气"：一是灵气，二是骨气，三是神气。同各位书法家在一起是一次情操的陶冶，是一次境界的升华，是一次智慧的熏陶。

明天，各位就要深入我省各地采风，敬请各位书法家多加指导指教，多留墨宝。

现在，我提议：为大家在湖北生活愉快，为采风丰收，干杯！

这篇欢迎会上的祝酒词，特点突出，把欢迎的对象、特点和时间寓于祝词之中，使人听起来幽默、温馨、礼貌。这篇祝酒词还有一个特点就是"急转弯"转得自然。本来应该表示欢迎，却误说成"感谢"。这时，主持人马上灵机一动，解释表示感谢的理由，将错就错，歪打正着。

在即席演讲中，诸如此类情况时有发生，应该学会将错就错，切不可手忙脚乱而不知所措。

礼仪主持人在新闻发布会主持上的即席演讲

新闻发布会，顾名思义，是发布新闻的活动，是政府、企事业单位、社会团体或个人邀请各新闻机构的记者聚集在一个大厅或专门的新闻发布厅内，主持人和发言人都在主席台上就座，先由主持人作开场白，然后发言人发布新闻，再回答记者提问的一种特殊会议形式。

在新闻发布会上即席演讲，必须把发布的新闻内容讲得一清二楚，对在场的不同单位、不同角色的人有什么要求，也要把话说在前头。在新闻发布会上回答问题时，要把观察、聆听、思考、记录与提问结合起来。不仅要注意即席演讲的内容不偏题，还应注意讲话的表情和姿态。要注意自己的身份，回答问题时一定要轻松自如、长短合适。

以下是相关的例子。

例 3—5

新闻发布会背景：

我国正在组织有关专家修订《国家重点保护野生动物名录》，考虑将部分濒危鲨鱼列入重点保护范围；野生动物栖息地不断缩小，中国政府和行业主管部门非常关注，政府"禁止滥食野生动物"，公布了一个可以食用和经营利用的野生动物名单，有54种，改变了对野生动物的低效食用方式；熊胆粉功效是其他中药难以替代的，还没有时间表宣布取缔"活熊取胆"；广州不文明养犬现象非常突出，为防止狂犬病，政府组织专项整治行动，取得成效。

主持人郭卫民背景资料：

国务院新闻办新闻局局长，国务院新闻办新闻发布会主持人。

［主持人郭卫民］：

女士们、先生们，上午好！

近期，我们陆续收到境外媒体一些传真和电话，对包括我国"养熊取胆"在内的一些关于中国在动物保护方面的有关问题表示关注，同时希望了解情况，进行一些采访。

所以，我们请来了国家林业局野生动植物保护司副司长王伟先生，农业部渔政指挥中心副主任李彦亮先生和国家工商行政管理总局市场规范管理司副司长于法昌先生，就动物的福利和市场监管方面的问题回答各位的提问。

［郭卫民］：现在，请农业部渔政指挥中心副主任李彦亮先生做介绍。

……

［郭卫民］：现在，请国家工商行政管理总局市场规范管理司副司长于法昌先生做介绍。

……

［郭卫民］：介绍就到这里，现在欢迎大家提问，大家可以向3位提出问题。

……

［中国日报记者］：谈了一上午的熊，我提一个狗的问题。明年是狗年，在有些城市，据说有专门的集中打狗的现象，还有专门的打狗队。最近有报道说，在广州有1 000多只狗被集中打死了，请王司长和于主任分别谈谈看法，有没有这回事？

［郭卫民］：打狗问题既不归王司长管，也不归于主任管。所以，我来回答一下。看到境外有媒体报道以后，我们向公安和其他的有关部门进行了了解，基本上这个报道是不准确的。只是针对一些城市存在的违规养狗和遗弃狗的现象。因为违规养狗和遗弃狗对公众的人身安全和健康带来了威胁，有关部门根据群众的要求加

强规范和管理,不存在一个大规模组织打狗队打狗的问题。

你说到的广州的情况是这样的,因为一个时期里广州出现的不文明养犬现象非常突出,社会的反响也非常强烈。去年9月,广州市公安、工商、农业、卫生、城管等部门按照广州市的养犬管理规定,在全市范围内开展了一个清查、整治非法豢养和销售的全市行动,搞了一个月的专项行动。

搞这个行动的目的,是为了减少违规养犬对市民人身安全和身体健康带来的危害。在那段时间,据当地的卫生部门统计,每天至少有两三人被狗咬伤,很容易引起狂犬病。据当地政府部门告诉我们,他们在搞这个行动的时候,完全是文明执法的,没有像一些媒体说的在街上当众打狗,或者有上千条狗被打死的情况,他们说的这个情况是没有的。

今天的发布会到此结束。谢谢各位!

学习单元2 礼仪主持人社交心理学

学习目标

- 了解个性心理特征的构成要素
- 熟悉沟通对象的心理状况、性格、年龄对社交沟通效果的影响
- 掌握有效沟通的方式
- 能够针对不同性格的人采取不同的社交方式

知识要求

1. 个性心理特征的构成要素

个性心理特征是个性结构中较稳定的成分,它表明个体的典型心理活动和行为特征,是个性差异的重要标志。其基本成分包括能力、气质和性格、年龄。对语言沟通能力而言,能够对其产生影响和制约作用的,主要是个性心理特征。人的能力、气质和性格、年龄等较稳定、本质的个性心理特征,对于语言材料的采集、构思和表达都会有一定的影响。

(1) 气质

气质分为胆汁质型、多血质型、黏液质型和抑郁质型。不同气质的人在同一环境里，会有不同的态度和举止。在语言沟通方面表现为思路的开阔或闭塞，语调的高昂或低沉、明朗或黯淡，感情的奔放或涓细，风格的粗犷或纤弱。

不同气质类型的人会有不同特征的心理表现，在语言沟通过程中虽然各有侧重，但都有积极和消极的两重性，并不存在绝对的优劣；重要的是在了解了不同气质类型后，根据自己的情况扬长避短。通过学习和实践，改变自己有缺陷的地方，从而实现更好地进行语言沟通的目的。

1）感情与气质类型。多血质者在社交时善于表达自己的感情，往往是或慷慨激昂，声泪俱下，或语重心长，娓娓道来。胆汁质者在社交时感情炽烈，表达迅速而猛烈，但缺乏稳定性、持久性，有时易感情用事。黏液质者情绪不易外露，故感情表达不充分，也缺乏变化。

2）语言与气质类型。在有声语言方面，多血质者的音速、音调和音势灵活多变，给人以优美的音乐感。胆汁质者在音速方面快而猛，在音调方面高而不稳定，音势重而不灵活。黏液质者音速、音调、音势单调乏味。抑郁质者音速过慢，音调压抑低沉。

体态语作为语言另一种形式，是社交时不可缺少的因素。多血质者运用体态语多，容易手舞足蹈。胆汁质者体态语运用范围、运用频率、运用幅度较少。黏液质者体态语容易给人单调、重复之感。抑郁质者不善于运用体态语，在台上的表现不够大方自然。

3）控制能力与气质类型。多血质者一般具有良好的控场能力，具有吸引社交场合注意力的良好素质，能塑造良好的自我形象。胆汁质者由于感知力强也能注意周围的反应，引起旁人的注意，但塑造自我形象方面有难度。黏液质者在引起旁人注意方面失之平常。抑郁质者不敢表现自己。

4）应变能力与气质类型。所谓应变，就是面对由主观或客观的突发事件和意外情况造成的障碍和干扰时，敏锐、及时、准确地作出反应，并采取有效措施加以迅速、巧妙、果断地排除和平息。应变能力就是这种迅速反应的能力和处理能力。意外包括主观、客观两方面的变化。

多血质者一般不会出现怯场、忘词等主观变化，即使出现这些情况也能灵活处理。如果出现诸如停电、听众骚乱等客观之变，多血质者也能敏捷反应，果断处理。胆汁质者往往由于心浮气躁而出现主观变化，出现客观变化时又容易急躁。黏液质者应付主、客观变化时太常规，不容易想出方法新颖、效果良好的处理办法。

抑郁质者不容易镇定精神、分析原因，容易自我谴责。

(2) 能力

能力是完成一定活动的本领，包括完成一定活动的具体方法和顺利完成一定活动所必需的心理素质。语言沟通能力是在素质修养的基础上培养起来的，除此之外，礼仪主持人还必须同时具备以下几种能力：

1) 观察能力。观察能力是人们用各种感觉器官摄取信息的基本途径，是提高语言沟通水平所必需的。要提高观察能力就要在提高观察的细、全、深上下工夫，敏锐地观察，仔细地透过现象看到本质。

2) 想象能力。想象能力就是人们把观察所收集到的材料，在头脑中融会升华，重新组合，创造出新事物形象，或根据语言的表述而产生相应事物形象的一种心理能力。对于语言沟通者来说，丰富的想象力可以激活思维，使语言沟通在深度、广度和力度的基础上更增添新颖或活泼的色调。

3) 思维能力。思维能力是指一个人在思维活动中所表现出来的能力。思维是人脑对思考对象的属性和规律的一种概括的、间接的反映过程。思维包括形象思维、逻辑思维和灵感思维以及在这三种思维方式基础之上的创造性思维。思维能力的强弱，具体表现在思维的快慢、思维的深浅、思路的明晰与模糊等方面。

在语言沟通的口头表达过程中，语言与思维基本上是同步展开的，通常是边说边想或者边想边说。这样，思维敏捷的人，表达时就不会或者很少出现断档、结巴和延缓之类的现象。思维敏捷、思路明晰的人，说话通常能够精练准确，并且具有条理性。创造性思维能够提高思维的深度和广度，又有利于说话者打破习惯思维的影响而有所发现和创造，进而使语言表达具有创新性，使语言沟通具有耳目一新的效果。

(3) 性格

性格是个性的核心，是一个人区别于他人的个性心理特征，是指人较为稳定的对现实的态度和与之相适应的行为方式，是一些最本质、最持久的心理特征的综合。恩格斯说："我觉得一个人的性格不仅表现在他做什么，而且表现在他怎样做。"对语言沟通来说，"做什么"是指说话的内容，"怎么做"是指说话的方式。不同性格的人在说话内容、方式及其风格等方面也不相同。

性格既有先天的因素，也有后天的因素。通过后天的培养和环境的熏陶，性格是可以得到改善的。一个人要培养自己的语言沟通能力，就要注意不断地把自己的性格向积极的方面锻炼和培养，克服语言沟通中的诸多心理障碍，提高实际语言沟通能力。

兴趣、爱好是推动人们寻求知识和从事某种活动的重要感情力量。兴趣、爱好对于语言沟通来说也有重要的影响作用，一种表现为表达的欲望，另一种表现为表达的深度和广度。兴趣、爱好是保持说话欲望、诱发表达激情的基础和前提，有了它，语言沟通者就有了积极沟通的动因。同时，兴趣爱好的深度和广度也在一定程度上决定着语言沟通的深度和广度，从而影响着语言沟通的实际效果。

2. 个性心理特征对礼仪主持人社交沟通的影响

平时交谈中经常以"对牛弹琴"这个成语来挖苦听众不学无术，但从另一个角度来看，其实也有"弹琴人"的不对，岂不知再美妙的音乐对于牛而言也不如一把嫩草更有意义，这是弹琴人没有找准合适的欣赏对象而造成的后果。

社交沟通总要有特定的对象。社交沟通效果如何，不仅受社会环境、时空场合的影响，同时还受到沟通对象的制约。同社会环境、时空场合一样，沟通对象也是社交沟通的客观因素。

俗话说，隔行如隔山。不同职业的人之间，可能会形成一定程度的隔膜。因此，和不同职业的人进行语言沟通，礼仪主持人要根据具体的情况恰当地展开话题，只有这样才能达到沟通目的。

以下是相关的例子。

例 3—6

有人曾经到一家大医院演讲，上台一看，台下相当多的人在翻看医学书或其他读物。他没有慌乱或者表现出不满，而是高声朗诵了一首诗：

每当我忆起那病中的时光，

白衣战士就引起我深情的遐想。

他们那人格的诗，心灵的美，

还有那圣洁的光，

给我以顽强生活的信心，

增添着我前进的力量……

因为听众都是医生，是一些知识分子，他们所关心的是医疗技术，开会时不免要带一些业务书籍。这位演讲者根据听众的职业特征调整语言手段，给这些医生们朗诵了赞美诗，一下子打动了听众的心，从而使自己的演讲得以顺利进行，达到了想要沟通的目的。

(1) 沟通对象的心理状况会影响社交沟通的效果

人的心境都会有好有坏，心境好的时候，常常是"无往而不乐"；心境差的时候则往往是"无往而不愁"。因此，当和他人交流时，必须把对方的心境作为一个前提去考虑。总之，了解对方的心境，可以推断出对方的思维活动，沟通用的语言也会更有针对性和说服力。

以下是相关的例子。

例 3—7

19 世纪时，维也纳上层社会的妇女们时兴戴一种高筒、宽檐的帽子，帽檐上还装饰着五颜六色的羽翎。女士们一进入剧场，观众就只能看到她们戴的帽子，而看不见戏台。剧场经理在无可奈何的情况下，只好一再请求女士们脱下帽子，可谁也不予理睬。这时，经理灵机一动，根据女士们爱美、爱年轻的心理状况和特点说："年纪老一点的女士们可以受到照顾不脱帽。"话一出口，女士们纷纷脱下帽子。在面临美女与老妇的选择时，维也纳的上层妇女谁也不愿意把自己当成老妇。

(2) 沟通对象的性格是影响社交沟通效果的因素之一

性格对语言沟通的制约作用是很大的。如性格内向、老成持重的人，喜欢真诚质朴、亲切大方的谈话对象，与他们交谈不应该轻率怠慢、模棱两可；而自信、秉性耿直的人则喜欢活泼明快，说话直来直去的谈话对象。与性格多疑敏感、心胸狭窄的人谈话，要精细稳重、字斟句酌，不宜信口开河、直来直去。性格开朗、粗犷豪放的人喜欢热情爽快、豁达大度的谈话对象，在与性格温文尔雅、有学识才华的人交谈时则不妨畅所欲言，旁征博引，含蓄诙谐，但千万不要巧言令色，卖弄知识。

(3) 沟通对象的年龄是社交沟通中不可忽视的重要因素

一般人是很难跟比自己长 30 岁以上的人谈得来的。30 年是一段很长的时间间隔。生活方式、兴趣爱好、教育程度、生活理念等都发生了很大变化。各个方面距离那么远的人，实在很难有共同的话题。在这种情况下，同情和理解可以产生良好的融合作用。总之，和不同年龄段的人交谈要注意不同的技巧和方法，即便是同一年龄段的人也会因人而异，这需要在平时生活中注意发现、总结和实践。

 **技能要求**

礼仪主持人进行语言沟通的有效方式

礼仪主持人语言沟通的有效性不只限定在礼仪场合，平日里与他人的每次对话都是提高语言沟通有效性的锻炼和学习机会。在看电视节目或者听广播节目时，礼仪主持人应多留意主持人的语言沟通技巧，精彩之处不妨记录下来。礼仪主持人进行语言沟通的有效方式主要有以下几种。

1. 先当听众

研究语言沟通的诀窍，首先要学会做一个有耐心的听众。怎样去做一个良好的听众呢？首先，要做到"专诚"。与别人谈话的时候，眼睛要注视着对方，无论对方的地位和身份比自己高还是低，都必须这样做。其次，聆听别人的话时，偶尔插上一两句赞同的话是很好的，不完全明白时加上一个问句也是非常重要的，因为这正表示对对方的话留心。但是，不可以把发言机会抢过来，就滔滔不绝地说自己的观点。除非对方的话已告一段落，轮到自己说话时才可以这样做。最后，无论他人说什么，不可随便纠正对方的错误，如果因此而引起对方的反感，就不可能成为一个良好的听众了。批评或提出不同意见也要讲究时机和态度，否则，好事也会变成坏事。

2. 巧妙地攀谈

说话时，如果能使对方谈到感兴趣的事，就表示已经很巧妙地吸引了对方。此时，再以问询的方式诱导对方谈论有关其个人的生活习惯、经验、愿望和兴趣等方面的问题。对方如果对问题有兴趣，自然愿意叙述自己的一切，对方会因为表示出的关怀备至而开怀畅谈，甚至因此而表示出崇敬之意。

3. 词必达意

(1) **要正确地发音**

对于每一个字，都必须发音准确、清楚。准确、清楚的发音可以依靠平时的练习，注意别人的谈话、朗读书报、多听广播来达到。

(2) **应使语句明白易懂，避免用生涩的词汇**

不要以为用了艰涩的词汇，就显得自己有学问。其实，这样说话不但叫人听不懂，有时反而会弄巧成拙，引起别人的错觉和疑虑，或认为说话者故弄玄虚。

(3) **文句不要重复使用**

重复的词汇应在加强语气时采用，一般都不必重复使用。

(4) **要避免口头禅和粗俗语**

当某一句话成为口头禅时，这就很容易被它束缚住，以致无论想说什么，也不管是否适用，都会脱口而出，这种情况要尽量避免。另外，可以用幽默风趣的话来表现聪明、活泼和风趣,但不可以用低俗的话来表现。一句不中听的话会让别人觉得说话者鄙劣、轻佻和无知。

4. 有备而来

礼仪主持人要成功地应付社会上形形色色的人,就要具备多方面的知识。如果能做到这一点,自然就能得心应手地应付各种人物。虽然不一定要样样精通,但应灵活运用。

以下是相关的例子。

例 3—8

日本东京有一家美容院,生意兴隆为当地之冠。有人便问他们生意兴隆的原因,院长坦率地承认,这完全是由于美容师在工作时善于和顾客攀谈。但怎么样使工作人员善于说话呢?

"简单得很,"院长说,"我每月把各种报纸杂志买回来,规定各位职员在每天早上工作前一定要阅读,就像日常功课一样,那样他们自然会获得最新鲜的谈话材料,攀谈时就会博得顾客的欢心。"

上例不过是千百个例子中的一个。知识是任何事业的根本,要使谈吐能适应任何人的兴趣,更要多读一些书刊杂志,使知识储存在脑海中,一旦到应用的时候,就可以有选择地打开话匣,与人对答如流了。

  学习单元3　礼仪主持人社交沟通技巧

- ➢ 掌握礼仪主持人的语言是提炼后的口语化表达
- ➢ 能够真诚坦率,要具有独特、鲜明的个性
- ➢ 熟练掌握礼仪主持人的语言沟通技巧和应酬沟通技巧

 **知识要求**

1. 礼仪主持人的有声语言特点

(1) 真诚坦率

在婚庆等一些特定礼仪场合，主持人毫无疑问要加入感情，运用感情。要与礼仪场合参与者平等地进行交流，面对面、直接地接触交流。中央电视台某主持人曾在《综艺大观》中朗诵过作家肖复兴的一篇文章——《继母》，她动情的表演感染、打动了在场和电视机前的亿万观众，她靠的不是朗诵的技巧，而是真诚的自我，坦诚的表白。如果不具备这些，这个主持人不可能成为一个合格的主持人，也不会受到人们的认可和喜爱。

(2) 具有独特、鲜明的个性

作为一个主持人，应有自己独特的个性。由于礼仪场合不同，自身修养、阅历、音质、语言习惯、表达方式不同等，主持人会形成各自不同的语言风格、主持风格，如热情爽朗、幽默机智、节奏明快、细语轻声、娓娓道来等多种形式。

(3) 有很强的对象感、交流感和表达欲

主持风格多样化，同样主持形式也不是固定单一的，有时是一对一，有时是一对多的，但不论何种形式，主持人要酝酿好感情，要有充足的准备，有一种想表达的欲望，交流要有对象感，要有问有答，有所反应。做到"目中无人、心中有人"，要带着感情去主持，要与听众产生共鸣，同时不要单纯地表现自我，也不要以第三者的态度出现，时刻保持与礼仪活动的统一性、完整性。

主持人有声语言的表达不仅局限于以上几方面，还有很多方法和技巧，但重要的一点是要真情流露、有感而发、源于生活、高于生活、紧跟时代、贴近听众。

2. 礼仪主持人有声语言的培养

(1) 良好的语言习惯

良好的语言习惯不仅指不犯语法错误，表达流利，用词得当，言之有物；还指说话方式，例如发音清晰，语调得体，声音自然，音量适中等。和病句、破句一样，说话时俚语不断，口头禅满篇，都是语言修养不高的表现。

(2) 发音清晰

发音清晰，咬字准确，对一般人来说不是十分困难。有些人由于发音器官的缺陷，个别音素发音不准，如果严重影响人们理解，或影响讲话整体质量，应少用或

不用含有这个音素的字或词。当然，如果有办法矫正的应该努力矫正，不要采取消极的方法。古希腊演说家德摩斯梯尼就曾用口含鹅卵石的方法练出一付伶俐口齿。

(3) 语调得体

无论是哪一种语言对于句式都有语调规范。有些同样的句子，用不同的语调处理，可表达不同的感情，收到不同的效果。若有人说："我刚丢了一份工作。"使用同样的反问句"是吗"作答，可以表达吃惊、烦恼、怀疑、嘲讽等各种意思。

得体的语调应该是起伏而不夸张，自然而不做作。富于感情变化的抑扬顿挫总比生冷平板的语调感人。

(4) 声音自然

用真嗓音说话，声调不高不低，音色不失自我，不仅听来真切自然，而且有利于缓解紧张情绪。

(5) 音量适中

音量以保持听者能听清为宜。适当放低声音总比高嗓门顺耳有礼。喃喃低语是没有自信的表现，而嗓门太亮，既影响环境，又有咄咄逼人之势。

(6) 语速适宜

适宜的语速并不是从头到尾一成不变的速度和节奏，而是要根据内容的重要性、难易度、语调的高低及对方注意力情况调节语速和节奏。说话节奏适度放缓比急迫的机关枪式节奏更容易使人接受。

 **技能要求**

礼仪主持人的社交沟通技巧

1. 介绍时的沟通

介绍是社交和接待活动中普遍使用的礼节，是见面相识和互相沟通的最初方式。礼仪主持人巧妙得体的人物介绍，可以为礼仪场合参与者进一步交往奠定基础，也可以显示良好的交际风度。

(1) 自我介绍

自我介绍的基本程序是：自己先向礼仪活动参与者点头致意，得到回应后再向大家介绍自己的姓名和身份。这时，可以掌心向内，右手轻按左胸，但不能用拇指指向自己。表情要自然、亲切，注视对方，举止庄重、大方，态度镇定且充满自信，表现出渴望认识大家的热情。

(2) 介绍他人

礼仪主持人除了要善于介绍自己,还要善于为他人做介绍。

1) 礼仪主持人在介绍之前必须了解被介绍双方的身份,或衡量一下有无为双方介绍的必要再择机行事。

2) 在讲演、报告时,主持人可只介绍主角。

3) 如为两个团体进行介绍,应先介绍东道主或人少的一方。

4) 介绍的先后顺序应坚持受到特别尊重的一方有了解对方的优先权的原则,应将职位低的介绍给职位高者,将年轻的介绍给年长的,将年龄和职务相当的男士介绍给女士,将客人介绍给主人,将个人介绍给团体,将晚到者介绍给早到者。这种介绍顺序的共同特点是"尊者居后",以表示对"后来居上"的尊敬之意。对来宾中的已婚夫妇,即使他们站在一起,也应当作为享有独立人格的人分别介绍。

礼仪主持人在为他人做介绍时,态度要热情友好,语言要清晰明快。在介绍之前,主持人要先向双方打招呼,使双方有思想准备。做介绍时,主持人应起立,行至被介绍人之间,呈三角站立,在介绍一方时,应微笑着用自己的视线把另一方的注意力引导过来。手的正确姿势为抬起前臂,五指并拢伸直,手掌向上倾斜,指向被介绍者,但介绍人不能用手拍被介绍人的肩、胳膊和背等部位;更不能用食指或拇指指向被介绍的任何一方。介绍语宜简明扼要,分寸恰当,并使用敬语,一般不介绍私人生活方面的情况。在礼仪正式场合,主持人应说:"尊敬的先生和女士们,请允许我向你们介绍一下……"同时,在介绍中要避免过分赞扬某个人,给人留下厚此薄彼的感觉。切忌把复姓当做单姓,常见的复姓有欧阳、司马、司徒、上官、诸葛等。

2. 结束交谈的方法

在交谈中,人们普遍重视开头,而对结束谈话,人们往往不以为然,认为说话完了,说声"再见"就是结束。其实,结束谈话并非如此简单。比如,一方没说完话,对方就不愿听了,怎么结束?两人在交谈中争得面红耳赤,又各不相让,如何结束?两个人谈兴正浓,而客观条件又不容许再谈下去,又应该怎样结束?

一次好的交谈,欲达到"与君一席话,胜读十年书"的效果,也要有一个很好的结尾,余音绕梁,三日不绝。那么,怎样结束谈话,才能给人留下难忘、美好的印象呢?以下介绍几种结束谈话的技巧:

(1) 切忌在双方热烈讨论某一问题时,突然将对话结束,这是一种失礼的表现。如果一时出现僵持的局面,应设法把话题改变,一旦气氛缓和就应赶紧收场。

（2）不要勉强把话拖长。当发现谈话的内容已渐枯竭时，就应马上停止。否则，会给对方留下言语无味的印象。

（3）要小心留意对方的暗示。如果对方对谈话失去兴趣，可以利用"身体语言"做出希望结束谈话的暗示。比如，有意地看看手表，或频繁地改变坐姿，或游目四顾、心神不安。遇到这些情况，最好知趣地结束谈话。

（4）要把时间掌握得恰到好处。在准备结束谈话之前，先预定一段短时间，以便从容地停止。突然结束，匆匆忙忙地离开，会给人以粗鲁无礼的印象。

（5）笑容是结束谈话的最佳句号，因为最后的印象，往往也是最深的印象，可以长期留在对方的脑海之中。

（6）在有些交谈结束时，说一些名人格言、富有哲理的话，或是美好祝愿的话，往往会产生很好的效果。

3. 礼仪主持人在社交沟通中的注意事项

在社交中，措词的简洁和高雅也是非常重要的一环。不讲究措词，或者故弄玄虚，不管谈话内容多好，也不会有很好的效果。要做到措词简洁高雅，才可能取得好的效果。

(1) 要尽量简单扼要

说话一般是越简明越好，有些人在叙述一件事情时说了很多话，但还是无法把意思表达出来。听者花了很多时间和精力，仍然不知道想表达的内容。如果礼仪主持人有这种问题，一定要自己矫正。矫正的最好办法是在说话之前，先在脑子里作一个初步计划，然后再把计划要说的东西讲出来。

(2) 用语不要过多重叠

在汉语里，有时的确要使用叠句来引起别人的注意，或者加强语气。但是，如果滥用叠句，就会显得累赘。例如，许多人在疑惑不解的时候常常会说"为什么，为什么？"其实，一个"为什么"就足以表达疑惑之情。还有的人在答应别人一件事情的时候，常常一连说上好几个"好"。其实，说一个"好"字就足够了。

(3) 同样的言词不可用得太频繁

一般来说，听者总是希望说者的语言丰富多彩。礼仪主持人虽然不必像某些名人所说的那样，每说一事都要创造一个新词汇，但也应该在许可的范围内尽量使表达多样化，避免多次重复使用同一词汇。即使是一个非常新奇的词，如果在几分钟之内复述几次甚至十几次，那么人们对它的新奇感也会丧失，并对它产生一种厌倦感。

(4) 要避免口头禅

有些人在交谈中非常爱说口头禅，诸如"我认为""俨然""绝对的""没问题"一类的话几乎是脱口而出，而不管这些口头禅是否与所说的内容有关联。口头禅说多了，不仅影响说话的效果，而且还很容易被别人当做笑柄。因此，口头禅应下决心改掉。

(5) 要避免使用粗俗的词

常言道："言语是个人学问品格的衣冠。"一个相貌堂堂、看上去高贵华丽的人，如果一开口就说出粗俗不堪的话，那么别人对他的敬慕之心就会马上烟消云散。其实，这些人中的相当一部分并非学问品格不好，只是在追求语言的新奇和俏皮的过程中，不知不觉地染上了这种坏习惯。

(6) 警惕过分使用语气词、口头语

礼仪主持人还要警惕一个很容易破坏语言意境的现象——过分使用语气词、口头语。例如，老是用"那么""就是说""嗯"等引起下文，或者，在英语的表达中使用太多的"well""and""you know""OK"及故作姿态的"yeah"等，不仅有碍于表达的连贯，还容易引人生厌。

思 考 题

1. 指出下列体态语暗含的意思
(1) 用手指点点自己的太阳穴。
(2) 讲话时，无意识地将一食指放在鼻子下面或鼻子边。
(3) 双手在身前嘴部高度相搓的动作。
(4) 掌心向外，两只手臂在胸前交叉，然后再张开至相距一米左右。
2. 请快速列举出10种有腿不会走路的东西。
3. 假如参加某位好朋友的婚礼，请为婚礼做即兴祝福。
4. 父母、爷爷奶奶或其他亲人、朋友过生日时，请你作为主持说一段开场白。

第 4 章 人际互动

第 1 节 形成互动

学习单元 1 公关语言技巧

 **学习目标**

- 了解公关语言的基本常识
- 熟悉公关语言的特点和形式
- 掌握公关语言的沟通原则
- 能够运用公关语言与活动主角及参与者形成互动

 知识要求

1. 公关语言的含义

公关语言是指公共关系主体在进行公关传播过程中所使用的一切有意义的符号，即一个组织或人群为了实现特定的公关目的而运用的交际语言。公关语言是一个人语言修养和气质的具体体现。人是一个社会化的人,为了实现一定的交际目的,必须要和社会组织,即其代表打交道。所以,公关语言既是一种职业语言,也是一种社会交际的大众化的语言。

(1) 公关语言与非公关语言

公关语言是交际语言的一种,并不是一切交际语言都是公关语言。公关语言仅用于公关范围,大众传播媒介使用的不是公关语言。比如新闻广播语言、演员剧中的台词、教师授课的语言、领导一般性的报告语言等都不属于公关语言的范畴。

在言语交际中,公关语言和非公关语言一般来讲有以下区别:

1) 目的不同。公关语言在于实现一定的公关目的;非公关语言在于讲述道理,叙述事情,介绍情况等。

2) 受众不同。公关语言的受众就是公关的对象;非公关语言的受众是一般的人。

3) 发言主体不同。公关语言的发话主体是某一组织或群体的代表;非公关语言的发话主体往往是一种特殊的职业者,如教师、演员等。

4) 特点不同。公关语言具有强烈的集体或群众意识;非公关语言往往是个人意识。

所以,不能把公关人员的所有语言都称为公关语言,也不能认为特殊职业的语言就不是公关语言。一个教师如果代表公众为了实现某一目的而向某一公众进行公关,那么,这种语言也是公关语言。但是,如果一个公关人员的话语仅仅是一般的表述、说理、闲谈,没有公关的目的性,那么,此时的语言也不是公关语言。

(2) 公关语言艺术的作用

公关语言艺术是借助公关传播中的语言符号来使组织与公众相互理解、相互协调、相互适应,为组织树立良好社会形象的。其功能是在传播过程中能引起对方愉悦性的互动,即满意的反应,从而形成一种友好的情感氛围,产生最佳的"社会效应"。

1) 畅通信息传播。公关领域中的信息传播,不但要具有"物理效应"——精确、准确、清晰,而且更应该使这个信息能引起最佳的"社会效应"。因此,在特定的语境中,不能机械地把多余信息完全删除,尽管它几乎不传递什么信息内容。信息必须与接受者的接受力相符合,才能通过信道而为接受人所理解。如果语言信息量大于接受者的接受力,即难度增加并大于接受通道,那么,信息就会受阻,使传播中止。

2) 促进关系协调。人际关系是指人与人之间以社会任务和相互利益关系结合而成的一种直接关系。它同"先天的"血缘关系相比,是一种"后天的"以互利为基础的关系。如公关领域中的职工关系、顾客关系等。公关语言艺术作为调谐人际关系的具体"操作步骤",取决于对每一个公关语境的感知、理解和决策。

3) 激发公众行为。公众行为的激发是公关传播活动中的最高层次,也是最终目的。在这一层次中,公关语言艺术的作用是要求公众有实质性的行为表现。态度是行为的先导,只要做好"态度"层次的传播工作,"行为"层次的传播就能取得效果。

公关语言艺术作为一种特殊的艺术,必须善于运用语言媒介唤起公众心理上的愉悦反应,从而更好地驾驭事理与情理。不能把公关语言艺术视为一种单纯的语言现象。从交际效果看,公关语言艺术不仅能畅通信息传播,协调人际关系,而且能激发公众的行为,最终为组织树立良好的社会形象。

2. 公关语言的特点

公关语言是一个组织(或其代表)在以树立组织形象为目标,以传播沟通为内容的公共关系活动中,为完成特定的公关目的而运用的语言。这种语言并非一种独立的语言,而是全民语言在公关领域中形成的一种言语体式。它不等同于一般的人际交际语言,而有其特定的公关目的性,具有自己鲜明的风格特点。与一般人际交际语言相比,公关语言具有广泛性、实用性、礼貌性、情感性、控制性和规范性的特点。

(1) 公关语言的广泛性

公关语言与传统的自然语言有很大的差异,它是一个超越自然评议界限的广义的"语言"概念。长期以来,人们只把自然语言看成是语言,它包括口头语言和书面语言两种,这是通常所理解的狭义语言。现在,一种比较通行的看法是人类所通用的符号语言,除了狭义语言之外,还有表情语言、形体语言、装饰语言等,这是广义的语言观。对照公共关系信息传递的实际情况,不难理解公共关系学中的"语言"是一个广义的"语言"概念。

1) 使用主体的广泛性。公共关系语言不仅是从事公共关系工作的人员和机构专用的语言,还广泛存在于社会组织的各项活动之中,为社会组织的所有成员以及相关公众使用,是一种普遍意义上的语言工具。任何组织成员都有为自己的组织树立良好形象,争取公众了解、支持的义务,都有讲究说话、写作、阅读公关语言艺术的必要。

2) 接受对象的广泛性。不同的组织具有不尽相同的社会公众,相同的组织也会有多种类型的社会公众。公关语言具有言语对象的广泛性，面对不同的公众进行信息传播应当采取不同的言语技巧。不论是否意识的到，为建立、维系、强化良好的公众关系，改善不良的公众关系而从事的公共关系活动无处不在，只是自觉程度、技术高低、收益大小有所不同而已。因此，公关语言也就无处不在。不管是企业单位，还是事业单位；不管是政府机关、权力机构，还是非权力的民间组织；不管是大至国家、省、市或者党、政、工、农、商、学、兵等层次，还是小到科、室、班、组，任何行业的任何组织都需要处理与外部公众的关系，都需要运用公关关系的语言技巧。

3）运用媒介的广泛性。一个社会组织为了达到树立自身形象促进自身更好发展的目的，需要经常不断地与公众进行信息的沟通、交流活动。为了使信息的传递、交流获得预期的最佳效果，组织要根据具体的情况和条件，采用各种恰当有效的方式和手段进行信息的传递交流活动。在这一过程中，组织可以通过新闻媒介向公众传达信息；通过邮寄或其他渠道，向公众散发各种资料；也可以通过实物展览或上市的产品说明自己达到的水平；通过本组织成员与环境、公众的直接接触树立自身形象更是常用的信息传递方式。在这些信息传递和交流中，自然有声语言及其文字形式还是最基本的语言符号系统，其他的还处于辅助地位，但它们相互结合运用却更有说服力。

上海电机厂设在市中心的门市部，在橱窗中放置了一台"旋风"牌台扇，让它一年四季不停地运转，在台扇的底座上，白底蓝字写了一个极其简单的说明："从一九九二年七月一日运转至今。"这是一个以实物为信息、载体的典型实例，"点睛"之笔的一段语言描述更是锦上添花。因此，既要承认语言的要领不单指狭义的自然语言，也指表情、形体、装饰、实物等这些非公共关系学语言概念的广泛性。

(2) 公关语言的实用性

公关语言就其实质而言是一种实用性语言。它承载的是社会组织的思想、行为、情感信息，具有明确的目的性。它追求的是社会组织与公众的交流和沟通，注重其内容和形式的可接受性，服务于组织的公共关系，获取公众的良好印象和高度评价。

公关语言的实用性，体现为一切公关言语的语气运用，都为实现特定的公关活动目的服务。从语体角度看，公关语言表达会运用很多语体，但其使用频率并不均等，用于应酬日常生活的生活语言、职业性工作语言，尤其是用于娱乐方面的各种文艺语言，在公关语言中几乎不用。从语言成本所表现的风格看，虽然个人公关语言尤其是外交会话、演讲等语体中具有多样风格，但总的来说，公关语言同应用语体语言一样，明显地趋于平实、明快、简约、庄重的风格，而不是华丽、含蓄、繁复、幽默。这种倾向的根源在于公关语言作为应用语言的实用性。

（3）公关语言的礼貌性

公共关系是一个组织与公众之间的关系和联系。公共关系语言是社会协调公众关系，树立组织形象的语言，通过对音与义、词语与句子、声音与动作、图案与文字等多重组合，传达社会组织的良好愿望、积极行为和美好情感，诉诸社会公众的感觉，求得公众对社会组织的理解、支持与合作，从而以良好的公共关系特质，在公众中美化组织的形象。因此，公关事业是一种文明之行，礼貌之举。公关从业人员不但应该具备丰富的专业知识和技能，而且应该具有较高的文化层次和思想、道德修养。公关人员要品行端庄，性格温和，举止文雅，善待他人，语言要具有文明礼貌性。这是由公关实务本身的性质决定的。

公关实务是一个组织为了争取公众的理解、支持和合作而作出的种种努力。为了完成公关实务，达到预定的公关目的，公关人员要具备很强的公众意识。一个组织的任何言行都必须考虑到公众的愿望、利益，时时处处要表现出对公众的尊敬，同时，兼顾本组织自身的利益。公关人员要把公众看成"上帝"，要理解自己与公众的关系是鱼和水的关系。有鉴于此，公关人员对公众必须讲文明，有礼貌，言谈举止要做到"温良恭俭让"。在这一点上，公关语言不同于一般的人际交际语言。生活中的人际对话虽然也应注意文明礼貌性，但因属个人之间的交际，而常常缺乏自觉性和约束力，因而有时说话粗俗、随意，甚至粗野无礼，很不文明。而公关语言则不然，它要求公关人员要用亲切的语调、温和的语气、恭谦的词语，乃至文雅的说法，善对公众，从而给公众良好印象，以达到公关的目的。

公关语言的文明礼貌性具体表现在语言行为、语言内容和语言形式三方面。

1) 语言行为的礼貌性包括积极交往，认真对待自己的说话和写作，认真听取公众的意见、建议和要求，举止文雅，谈吐谦和、得体，不强辞夺理，不蛮横无理。

2) 语言内容的文明礼貌性包括内容的真诚友善、不欺不诈、不粗俗，不散布有悖于法律、道德、社会习俗的言语。

3) 语言形式的文明礼貌性主要指为礼貌的语言内容选择适当有效的语言要素和语言表达手段，做到语言规范，利于对方理解。为了体现文明的思想内容和礼貌态度，公关语言经常采用亲切柔和的语调、温和委婉的口气、恭谦尊敬的词语、庄重典雅的措辞等特定的语言要素和语言手段。

(4) 公关语言的情感性

公共关系活动的对象是有情有欲的人，而不是其他生物或机器。因此，情感因素具有很大用途与作用。这里所谓的"情感"，指诚恳、亲切和热情，故"情感性"也可称"诚恳性"。与一般的人际交际语言相比，公关语言更具有情感性，即公关人员对公众说话要诚恳、亲切、热情。日常的人际交谈，或冷漠，或热情，或虚假，或真诚，那是个人的感情交流，只影响个人之间的关系，而公关人员与公众的交际却关乎一个组织的声誉和利益，因而一定要将心比心，以情感人，要用诚恳、亲切、热情的语言激发公众的情感，转变公众的态度，调动起公众的热情进而产生参与行为。如一些交通广告中说"为了您和他人的健康，请遵守交通规则""您的家人盼您平安归来"。这些公关广告动之以情，充满人情味，较容易取得社会效益。

(5) 公关语言的控制性

这里所说的"控制性"，也可称为"可控性"。公关语言的这一特点是由公关实务明确的目的性和预设性所决定的。与一般生活语言的随意性相比，公关语言具有自觉、可控的特点，即表现为事先有所准备，当事时审慎措辞，因为公关语言"一言既出，驷马难追"，一句不慎之词，可能为组织造成巨大损失。因此，公关人员必须根据公关策划的步骤，预先设计语言表达形式和内容，并根据临场语境的变化灵活控制自己的语言。

(6) 公关语言的规范性

与一般人际交际语言相比，公关语言具有很强的规范性。这指的是公关人员说出的话要符合普通话的规范，使用的汉字要符合国家的文字规范等。我国宪法明文规定："国家推广全国通用的普通话。"公关人员与公众进行交际时，要使用普通话，这可以消除方言隔阂，沟通与不同民族间的联系，有利于公共事业的发展，有利于建立国内统一的市场经济。主持人语言的规范性不仅体现在普通话语音的发音上，而且体现在语汇、语法的选择与使用上。

1) 语音的准确无误。准确、清晰的普通话发音应是主持人最基本的业务要求，一个字音的错误都足以产生广泛的误导，带来以讹传讹的不良后果。

2) 语汇的规范简约。汉语言以其丰富多彩、表意性强闻名于世，更以其准确、精妙、优美显示出强大的生命力。词汇中近义词、同义词数量繁多，给传情表意提供了无限广阔的选择空间，而近义词之间细微的差别又为出神入化地言情状物，恰如其分地描述议论创造了可能。

3) 语法的严谨完整。主持人节目最大的特点之一就是以随和、亲切的方式切入话题。其中大量口语、通俗语的介入拉近了主持人与受众的距离，但这绝不等同于生活中那种不严守逻辑性、不讲究语法的交谈和聊天，这里，对语法的正确掌握与灵活使用有一个度的问题。不必苛求主持人所讲的每句话都必须讲究语法的严密和规范，以免让生动活泼、灵活多样的语言失去应有的色彩，但也绝不可以语无伦次、谬误百出，让传播与交流出现"短路"。结构混乱、词不达意、不合语法的语言，既不能准确传递公关信息，也有损于公关主体的形象。公关语言必须合乎语法规范，合乎逻辑，文从字顺，语意通达。只有这样，才能起到沟通组织与公众之间的桥梁作用。

对公关语言的规范，根据目前存在的问题，应特别指出还得包括汉字字体、字形的规范以及标点符号和书写格式的规范。新中国成立至今，国家推行简化字，废除了一些繁体字和异体字，大大有利于文化教育和社交宣传等项工作。今天，社会广大公众都已习惯使用简化字和标准字体，在公关文书和文字广告、公关标语口号中，就不应该再使用繁体字和异体字。至于写错别字、错读字音、错用标点符号以及不注意行文的书写格式等问题，既会损害公共组织形象，又不利于公关活动的开展。

以上所谈公关语言的礼貌性、情感性、控制性和规范性，是从不同角度对公关语言进行分析、归纳的结果。公关语言的礼貌性是就语言的总体印象而言的，公关语言的情感性是就语言的格调、色彩提出的，公关语言的控制性是就语言表达内容而归纳的，公关语言的规范性是从语言的形式方面进行分析的。这四个特点虽各从不同角度提出，各有其特定的含义，但却不是孤立的，而是相互联系的。

比如礼貌性和情感性就有密不可分的联系，大凡具有礼貌性的公关语言，都一定是具有诚恳和热情的情感的，而具有情感性的公关语言又必定是文质彬彬，富有礼貌性的。再比如，控制性和规范性的关系也很密切：规范性的语言必然都是根据语言规范原则，自觉控制使用语言的结果，而富有控制性的公关语言，则多半是规范性的语言。由此看来，公关语言的四种特点是两两相对的，它们是从不同角度提出，而又彼此密切相关的。

3. 公关语言的形式

公关语言深入社会交际的诸多领域，包括外交辞令、公关谈判、公关说服及交谈、公关演讲、公关广告等。公关语言是一种语符和语义结合的符号系统，它是特殊的社会现象。语言符号是一个相当复杂的符号系统，它是一种分层的结构装置，它的表达方式和手段极其丰富灵活，容量大。从运用的范围而言，公关语言可分为一般性的公关语言和特殊性的公关语言。一般性的公关语言是指公关人日常语言，如非正规性的相互交谈、电话商量、营业柜台用语、营销广告用语、公关新闻稿、通讯稿、书信等。特殊性的公关语言的特点是场面正式、目的具有较强的规定性。如正式谈判、公关演讲、公关辩论、公关联谊会、大型庆典会、公关广告、记者招待会和一些公益事业活动会等用的语言。相比之下，一般公关语言比较随意、灵活，约束性较小。

从语言形式上看，主要包括有声语言和无声语言。公关语言本身就是一种面对面的交谈，有声语言和无声语言在公关语言中是互异互补的。

(1) 有声语言

有声语言即自然语言，是发出声音的口头语言，以说和听为形式，也称"口语"，其形式有会话式和独白式两种。

1) 口语的特点。口语是指以音和义结合而成，以说和听为传播方式的语言符号。其特点是音义结合的相对性，思考表达的同步性，瞬息即逝的短暂性，信息反馈的迅速性，语体风格的简洁性，相互比较的基础性。

2) 口语的类型

①会话式。会话是两个或几个人之间所进行的交谈。会话语言常用于公关活动中的采访、调查、服务、接待、谈判、商洽、辩说、争论、谈心、对话等。会话式的特点是依赖语境、随意发挥。

a. 依赖语境。会话的双方同时处于同一交际场合，所以，对背景知识有共同的认识，无需以展开的言语形式表达自己的思想。如记者招待会，发问者为了获得最高值信息和最佳新闻材料，在提问时常常摒弃不必要的重复和展开，片言只语就能表达一个完整的意思。因此，会话依靠双方共同理解的情景，语言形式更简晰，有时甚至还出现某些词语的脱漏、句子的残缺等现象，但并不影响交流。

b. 随意发挥。会话一般无法在事先作详尽的准备，说话缺少从容酝酿的时间，这促成了语言的不事雕饰和自然流露。因此，会话的双方应该增强"现场意识感"，保持高度的灵敏性，随时注意对方的反应，并由此决定说话的长短、内容的深浅以及是否需要变换话题等。

②独白式。独白是一人讲众人听的单向说话。如演讲、报告、授课和会议发言等。在公共关系领域中常用于演讲、报告、讲授、致辞、发言、介绍等。交往过程以说话人的单向性语言传递为主。因此，说话者的思想、情感往往能得到充分的表白。与会话式相比，独白式的信息反馈速度较慢，反馈的语义较模糊。反馈形式一般以笑声、掌声为主。独白式的特点是指向明确、逻辑性强、充分展开。

a. 指向明确。由于独白式的维持性较差，长时间地作单向传递，听众容易"走神"。因此，独白从开始到结束，必须始终指向听者，调动有效的手段，集中听者注意力，影响听者的心态。

b. 逻辑性强。合乎逻辑地说话，能帮助自己实现思想的承启、层次的排列，更能连贯地表达说者的意图。

c. 充分展开。在有限的时空内，说话者要把自己的思想观点最迅速、最有效地传递给听众，语言必须充分展开，多角度、多层次地传递主要信息，一般是用（比喻、借代、象征等）形象生动的语言形式。

（2）无声语言

无声语言是伴随有声语言而出现的交际语言，它包括体态语言、辅助语言等非自然语言。它是利用人的表情动作语言、眼神语言、动作和体态等来表达语义和情感。著名学者艾伯特·梅热比曾提出这样的公式：

交际双方的相互理解＝语调（占 38%）＋表情（占 55%）＋有声语言（占 5%）

由此可见，交际中无声语言的作用。无声语言是用表情、动作、体态、语速等来传递信息。它往往是一种视觉形式，给人的直观印象往往非常深刻。它往往可以鉴别出有声语言的真实与虚假。一般来讲，有声语言传递的信息使人很难判断出真假来；但无声语言是一种真情的自然流露符号，它可以直接传递出公关人员丰富多样的语义和真实的情感。因此，在口语交际中，单凭言辞很难听出公关人员的真心实意，必须既"察言"又"观色"，才能揣测到公关人员心理的诚与不诚。

礼仪主持人直接面对观众，甚至融入观众群中共同推进节目的进展，其态势语就显得更为重要和有效。态势语不仅可以有效地拓宽信息传输的渠道，增加节目的容量，而且可以有效、直接地传送节目内容以外的信息，是主持人传递信息、交流情感不可或缺的辅助手段和补充手段。所以对态势语的掌握与有效的运用，主持人绝不可轻视。

1) 体态语言。体态语言又称态势语言、动作语言、行为语言、形体语言、身势语言、无声语言等。

①体态语言的特征。体态语言的特征包括综合性与交叉性，真切性与直观性，多样性与丰富性，先天性与经验性，民族性与文化性，含蓄性与模糊性。

②体态语言的功能。体态语言的功能包括增加有声语言的表现力，使表达的含义更加明确，使表达的情感更加真挚，能昭示或掩饰内心情绪，能迅速地传递反馈信息，有效地体现气质和风度。

③体态语言的类型

a. 动态体语。动态体语包括手势语、身势语、表情语（目光语、微笑语）、接触语。

b. 静态体语。静态体语包括姿势语、界域语。

2）辅助语言。辅助语言是指口语表达过程中伴随有声语言而出现的不分音节但能表示特定含义的语言现象。

辅助语言的基本特征有伴随性、辅助性。它可分为两种类型：一是伴随有声语言出现的语音要素；二是能够表达含义的功能性声音。

在公关中，无声语言传递的信息往往比有声语言表达得更充分，更直接，更神秘，更有诱惑力。它往往更能产生异乎寻常的作用，甚至可以达到只可意会而不可言传的境地。所以，公关人员学会使用无声语言，往往能较含蓄地传递出不便说出的话，而且可以增加公关人员的美感、气质、风度和魅力。但是，在公关语言中无声语言毕竟是一种辅助性语言，它很难达到一种动情、叙事、讲理的功效。

(3) 书面语言

书面语言是指以字和义结合而成，以写和读为传播方式的语言符号。

1) 书面语言的一般特点

①以说明为主要方式。

②以准确为基本要求。

③以简洁为鲜明特色。

④以庄重为独特风格。

2) 书面语言的修辞特点

①坚持"立诚"原则。

②使用词语朴素贴切。

③使用语句自然妥当。

④结构安排清晰严谨。

3) 书面语言的类型

①公文语言。公文语言的特点为讲究程式、文字简练、叙述平实。

②新闻语言。新闻语言的特点为真实全面、严谨周密、新颖活泼。

③说明语言。说明语言的特点为真诚可信、完整简明、突出重点、明白易懂、亲切顺畅。

④礼敬语言。礼敬语言分为自谦语言、表敬语言、礼貌语言。

⑤契约语言。契约语言的特点为准确严谨、简洁精练、严密详细。

特别要注意的是，书面语言主要是在策划阶段使用，但在现场主持时，要尽量使用口语，不能过分依赖文字稿。对于礼仪主持人来说，仅仅达到"书面语言有声化"是远远不够的，满口的"书面语言"会导致与观众的隔阂，也不符合公关语言情感化的特征。因此，主持人在依据策划稿主持的同时，也要注意现场语言才智的发挥，不能让文字稿束缚自己的口语创作。

4. 公关语言艺术的沟通原则

公关语言要达到公关主体公关的目的，必须对公关语言进行比较，最后选择最佳的语言，实现公关的目的。公关语言艺术的沟通原则包括双向沟通原则、平衡理论原则和有效沟通原则。

(1) 双向沟通原则

公关语言艺术中的双向沟通原则，是指沟通双方互相传递、互相作用、互相理解的信息互动原则。

公关语言艺术的双向沟通过程由传递阶段和反馈阶段组成。传递阶段指发出者将要表达的意愿和所要传递的信息转换成具体的物质形式（这种转换行为称为"编码"），以便通过传递的渠道到达彼方。反馈阶段指接受者得到一系列的信息符号后，先将其还原成沟通内容（这个认识过程称为"译码"），进行领会理解。然后，通过某种方式，将自己的意见和态度反应给对方进行逆传递。如果反馈成功，那么就意味着一次沟通过程的实现和下一次沟通过程的开始。因此，沟通始终是一个没有终点的循环活动。

公关语言艺术贯彻双向沟通原则的目的，第一是为了提高信息互动的质和量。从信息互动的"质"上看，双向沟通的信息比单向沟通更为准确，更为完善。发送者可以根据反馈，不断地检验所输送的信息。从"量"上看，双向沟通与单向沟通相比大大加速了信息流量。第二是为了最大限度地迅速消除沟通障碍。在语言的沟通过程中，往往会出现各种各样的"干扰因素"。而公关语言艺术贯彻双向沟通的原则，就是为了消除障碍，畅通渠道，保证沟通活动顺利进行。

公关语言艺术的双向沟通原则可以从建立共识领域、具备反馈意识和加强自我调节三方面实施。

1) 建立共识领域。所谓"共识领域"是指沟通双方所具有的共同经验范围。一则信息，从甲方传送到乙方，沟通双方以类似的经验为条件。这种"类似的经验"越多，其"共识领域"越大；沟通时共同语言也就越多，信息的分享程度当然就越高。公关语言艺术要实施双向沟通原则，沟通的双方必须存在一定的"共识域",这是保证信息传递质量的前提条件。

2) 具备反馈意识。所谓"反馈意识",是指沟通双方在理解了所接收到的信息后应作出的反应。它包括信息反馈要主动、及时、适路和适量等。"主动",是指反馈不仅要对所接受到的信息表示赞成与否,还应该主动提出补充或修正原始信息的意见;"及时",是指反馈的速度,是为了不延误沟通的时机;"适路",是指反馈的内容不要偏离中心;"适量",是指反馈的信息量要适当,以免冲淡主要信息的传递。

3) 加强自我调节。公关语言艺术中利用反馈机制来分析处理信息传递的方法,实际上是利用结果对原因的反作用来调整自身沟通行为的方法。于是,沟通中的双方便在实际上轮流充当"施控者"与"受控者",双方的输出作为对方接收的反馈和控制的信息,势必对双方的行为产生制约力。与此同时,双方必须根据相关反馈,加强自我调节,从而使关系和谐、心理平衡。因此,从这一意义上所产生的信息互动行为,能使公关语言获得良好的传播效果。

(2) 平衡理论原则

公关语言艺术中的平衡理论原则是指信息的发出者利用"相似性"的人际吸引为中介,通过沟通,与接受者产生认同,达到协调的原则。

这一理论的基本思想有两点:一是认为,人们都倾向于选择一致性。这种一致性既包括人们的希望,也包括人们的信仰、思想认识和情感等。二是认为尽管人们在客观上都有不平衡的现象出现,但不平衡总是向平衡的方面转化。不平衡系统产生了变化的压力,这种压力直到结构稳定之后才不复存在。

假设某公司的A经理与B经理平时关系很好,配合也默契。然而,近日来由于某些员工对公众无礼,公众纷纷投诉于公司领导。A经理认为应该将这些员工开除,而B经理认为应该先进行教育,以观后效,再作处理。于是,就造成两者的紧张状态。要使他们之间恢复平衡状态,有三种情况,一是A经理放弃自己的观点,使两者关系协调;二是B经理放弃自己观点,也能使原先的紧张消除;三是A经理改变对B经理的看法,甚至不愿和他同事,要求调离,以致达到一种特殊的心理平衡状态,这样,人际关系的性质就发生了变化。根据此例的情况,从公关传播的角度看,显然,第三种是最理想的沟通效果。

公关语言艺术贯彻平衡理论原则的目的是为了实现公关传播的目的。例如向公众进行演讲的目的是发表主张,抒发感情,传递信息,从而说服听众,引起听众思想上、情感上、观点上的共鸣,并对演讲者产生信任感,"爱屋及乌",连同演讲者所传播的信息也为听众所接纳。因此,演讲语言的成功在于演讲者的观点不变，却能通过语言艺术劝导听众改变观点，双方达成共识，进而保持关系的平衡。

(3) 有效沟通原则

公关语言艺术中的有效沟通原则是指沟通的有效率原则，即沟通有效数与沟通信息总数之比。沟通中"无效数"的产生因素是多方面的。有来自传者方面的因素（如不适时、不适量等），也有来自受者方面的因素（如语言障碍、文化差异等），还有来自沟通渠道方面的因素（如各种物理干扰、或多渠道、或多层次等）。

公关语言艺术贯彻有效沟通原则的目的是为了不失时机地充分利用信息，以求达到最佳的传播效果。信息是一个社会组织发展的战略资源，是决定其命运的不可忽视的重要因素。然而，信息的时效性很强，信息一旦过时，就失去或减弱了使用价值。因此，为了使信息更迅速更广泛地发挥其独特的作用，必须讲究公关传播的有效率，注重沟通网络的选择。

1) 环形沟通网络。最大特点是交流各方地位平等，循环式传递，沟通者心情舒畅，士气较高。但信息无中心，流失严重，不利于信息控制，而且沟通速度慢，失真度高。在实际传播活动中，这种沟通网络最终会向分裂或集中两个方向分化。

2) 链形和Y形沟通网络。沟通速度较快，但信息沟通十分有限，不易形成群体共同意见。在实际传播活动中，这种沟通网络容易滋生公文旅行、办事拖拉等官僚主义现象。

3) 轮形沟通网络。主要特点是有中心传递人物，沟通迅速，准确性高，解决问题的速度快。但被沟通者之间缺乏横向联系，所以士气较低。

不同的沟通网络对语言行为会产生不同的影响。公关语言艺术的有效沟通必须根据实际情况选择合适的沟通网络。如果要解决复杂的问题，那么既要便于控制信息又要快速沟通，则应选择轮形沟通网络；如果需要助手协助快速传递，那么则选择Y形沟通网络较好。

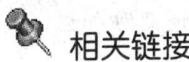 **相关链接**

礼貌语言的使用

在交际中，礼貌用语通常要做到"四有四避"，即有分寸，有礼节，有教养，有学识；避隐私，避浅薄，避粗鄙，避忌讳。

"四有"：

第一是有分寸。这是语言得体、有礼貌的首要问题。要做到语言有分寸，就必须明确交际的目的，要在背景知识方面知己知彼，要选择好交际的方式，同时，还要注意如何用言辞行动去恰当表现。

第二是有礼节。语言的礼节就是寒暄。有五个最常见的礼节语言的惯用形式：问候是"您好"，告别是"再见"，致谢是"谢谢"，致歉是"对不起"。回敬是对致谢、致歉的回答，如"没关系""不要紧""不碍事"之类。

第三是有教养。说话有分寸、讲礼节，内容富于学识，词语雅致，是言语有教养的表现。尊重和谅解别人，是有教养的人的重要表现。尊重别人符合道德和法规的私生活、衣着、摆设、爱好，在别人的确有缺点时委婉而善意地指出。

第四是有学识。在高度文明的社会里，必然十分重视知识，十分尊重人才。富有学识的人将会受到社会和他人的敬重，而无知无识、不学无术的浅鄙的人将会受到社会和他人的鄙视。

"四避"：

第一是避隐私。隐私就是不可公开或不必公开的某些情况，有些是缺陷，有些是秘密。在高度文明的社会中，隐私除少数必须知道的有关人员应当知道外，不必让一般人员知道。因此，在言语交际中避谈避问隐私，是有礼貌的重要方面。

第二是避浅薄。浅薄，是指不懂装懂，"教诲别人"或讲外行话，或者言不及义，言不及知识，言辞单调，词汇贫乏，语句不通，白字常吐。如果浅薄者相遇，还不觉浅薄，但有教养、有知识的人听他们谈话，则无疑会感到不快。社会、自然是知识的海洋，每个人都不可能做万能博士或百事通，应当学有专攻又知识渊博，若不如他人之处或不懂某种知识，要谦虚谨慎，不可妄发议论。

第三是避粗鄙。粗鄙指言语粗野，甚至污秽，满口粗话、丑话、脏话，上溯祖宗，旁及姐妹，下连子孙，遍及两性，不堪入耳。言语粗鄙是最没礼貌的语言。它是对一个民族语言的污染。

> 第四是避忌讳。忌讳，是人类视为禁忌的现象、事物和行为，避忌讳的语言同它所替代的词语有约定俗成的对应关系。社会通用的避讳语也是社会一种重要的礼貌语言，它往往顾念对方的感情，避免触忌犯讳。如"棺材"说"寿材""长生板"等；把到厕所里去大小便叫"去洗手间"等。

 技能要求

运用公关语言与他人进行有效沟通

工作准备

礼仪主持人平时要通过阅读、观察、实践等各种方法，掌握公关语言的特点、形式和沟通原则，并学会自觉运用。

工作程序

程序1　明确公关活动的目的

公关语言在于实现一定的公关目的，以某广场开盘的公关活动为例。

×××广场自"一会一节"期间正式开始内部认购，积累了一批客户，从大多数业主及客户的意见中反映出×××广场前期的社会负面影响造成的购买信心缺乏已经成为限制销量增长的一个瓶颈因素，单靠报纸广告、工期承诺等手段已不足以解决问题。借开盘的机会扩大社会正面影响，重塑项目形象，增加客户对项目的信心是××广场项目营销推广中至关重要的一步棋，具有"一招定乾坤"的作用，不可小视。在此背景下，主要策划两项活动。

（1）××广场建筑外观整体方案征集活动（暂名）

该活动是×××广场开盘前的一项重要公关活动，其对楼盘形象宣传产生的推动作用即是本次活动的基本目的。

1）提升×××广场的整体物业素质，使其成为地区以及整个滨江沿线的标志性建筑。

2）彻底改变一些不利于×××广场社会形象的负面影响。

3）增加业主和购房者的信心，直接促进销售。

4）配合 8 月 28 日大厦封顶新闻发布会，为 8 月 30 日正式开盘蓄势。

（2）开盘活动

开盘活动包括广场庆典、业主金卡赠卡仪式、×××广场之夏音乐会三个相对独立的部分。这三个活动使在开盘当天现场气氛持续沸腾一整天，达到扩大声势、形成轰动效应，引爆市场和增加销售量的目的。

这两项活动同时体现了双向沟通和平衡原则的公关策略的运用。

程序 2　选择合适的媒介进行信息传播

同样以上例来看，在公关语言运用时可以选择平面广告、新闻发布会、户外广告、宣传单等多种传播媒介，要根据不同的媒介特点，选择适合的媒介方式综合运用，才能达到有效的传播效果。针对上例中的两个活动详述以下两点：

（1）平面广告

前期活动时，根据工程进度及推广活动的需要，面向全社会征集：×××广场大楼主体外观及住宅大堂装修方案、效果设计、广场景观设计及广场周围小环境设计等。可将征集广告投放在报纸的非广告版面。

后期可连续刊登整版彩版："×××广场大楼主体全面封顶，×××公司8周年庆典，8月30日正式开盘"；套红：征集活动圆满结束，公布评审结果，感谢设计单位的积极参与，鸣谢支持单位；整版彩版：开盘广告（楼盘价格、付款方式、卖点遴选、告知广场庆典和×××广场之夏音乐会的信息）。

此外，还可适当投放一些软性文章，如全新装修样板间风格点评等。

（2）新闻发布会

在征集活动结束后，召开评审结果新闻发布会，可邀请由建筑、规划、装饰各方面专家组成的专家团，参评单位代表，已购房业主代表，公证机构工作人员，以及新闻媒体人员等参加发布会，为后期正式开盘造势。

程序 3　在活动中注意把握公关语言特点

（1）言语处处显礼貌

在公关交往中，有时也会遇到一些有敌意的公众，对待这类公众要学会巧于应对，适当礼让。对待那些恶意诽谤、中伤、损害公关主体形象的敌对公众，当然不能忍辱让步。但在坚持原则，针锋相对，坚决斗争的同时，也需要注意自身的公关形象，不可因怒不可遏而相互辱骂，应该通过辩论、对话或法律程序来解决问题。而对于那些只有轻微敌意的公众，公关主体则更要注意运用文明礼貌语言，摆事实、讲道理、耐心澄清问题，说服对方，决不可态度生硬，爱答不理，更不能"以眼还眼，以牙还牙"，使对方的敌意升级，使双方矛盾激化。

(2) 交际句句蕴情感

要想达到情感交流的公关目的，应该立足于对方的情感需求。公关语言艺术中的礼貌语本身就是最明显的情感性语言符，如"您好""再见""请""对不起""谢谢"等，在公关传播中不仅表示它们的理性意义，同时也负载着情感成分，是维系良好人际关系的公关用语，也是公共关系中的一种"润滑剂"。特别是"礼貌语"中的尊称——"您"，更是大家所熟悉和易于体会的。

请看下列两则广告宣传语：

"为了您和您家庭的幸福，请注意安全行车。"（公交公司交通安全标语）

"您的太太驾着车子，在四顾无人的崎岖山路上抛了锚，那种焦急的心情您曾想过吗？本公司出品的轮胎具有双层构造，任凭跋山涉水，永不爆裂，对不懂修理轮胎的太太是最好的礼物。身为一家之主的您，请为您太太设想，改换本公司出品的新式轮胎吧！"（美国某轮胎公司的广告）

现代广告尤其注意"情感效应"，充分体现在公关用语的情感性特征上。以上两则广告就是用礼貌语言沟通公众，以唤情的方式，达到提醒或诱导的诉求效果。

除了称呼外，用词及对象的确定也可以使语言富有情感性。

仍以广告为例：

"问候每一个有情人，玫瑰荡漾馨香如歌。烛光映衬明眸如水，晶莹美酒溢满了心怀。还有××……瑞士最佳风味，只给最爱的人。"（××巧克力广告）

"愿第一次邂逅，使我们成为永恒的朋友。"（××购物中心广告）

前者柔情蜜语，诱惑顾客的青睐；后者极力淡化买卖行为，强调情感的交流，以诱导消费者的光顾。公关语言的情感性和诱惑力，是由公共关系的性质所决定的，它能够为完成公关使命而发挥出巨大的社会效益或取得经济效益。

再以一些知名企业的经营理念为例：IBM公司的广告语"IBM就是服务"；日产公司的广告语"品不良在于心不正"；杜邦公司的广告语"为了更好地生活，创造更好的产品"；海尔公司的广告语"真诚到永远"。公关语言的情感性在这些公司的经营理念中都得到了充分的体现。20世纪初，伴随社会化大生产和分工协作的纵深发展，管理技术硬件和流水作业的单调造成人际关系的冷漠，于是一些聪明的管理者开始探讨东方式的情感管理。例如日本企业注重对职工"一体感""认同感"的培养，体现了"人为本，和为贵"的经营特点。具有先进公关意识的组织把与组织内外公众的感情交流作为主要活动手段，不但晓之以理，而且动之以情，从而导致公关言语具有浓厚的情感性。

在信息传递的过程中，公关语言的情感性除了依靠有声语言来传达，还可以借助体态语来表达。公关语言艺术中的"微笑语"，是情感性特征的外化表现。"微笑"传递着"温柔、友好"的情感，它往往和"礼貌语"结合在一起，从视觉到听觉角度传递着丰富的情感。

在主持活动中，主持人除了控制和把握好自己的感情，并主动、积极地与广大观众交流、沟通感情外，还肩负着调动和调节广大受众情感的重任。因为受众参加活动的目的不一，文化背景、知识修养、生活阅历、思维方式、人生态度等有着较大的差异，面对同一桩事、同一个人、同一类问题，有的会激情万分，拍案而起，有的却司空见惯，无动于衷；有的会慷慨激昂，全心投入，有的却麻木不仁，冷眼相看。对这样一种差异，主持人不仅要有所预料、察觉，更重要的是要有所准备，有锦囊妙计，不动声色、不露痕迹地寻找和发现受众共同的兴奋点，并巧妙地放大、高扬这个兴奋点，从而调动受众的感情，让受众带着基本一致的感情色彩进入主持活动中。

(3) 场面上下要控制

公关语言的控制性表现为"预先性控制"和"临场性控制"两个过程，具有鲜明的目的性和选择性。

首先，公关人员在初期文案策划时，预先应有目的、有计划地安排好公关语言，尤其是开场白等较易控制的部分。如1984年美国总统里根访华前夕，根据他的授意，美国政府工作人员找了一个中国"平民"留美学生××。××是上海姑娘，复旦大学毕业后去美国读硕士学位。里根与这位留学生通电话，问她有什么需要转告母校的。一切按事先预计的进行。在里根访华期间到达复旦大学，由该校校长陪同步入小礼堂时，他面对100多位师生代表，在正式演讲前说道："在我来中国之前，碰到一位你们复旦大学去美国的留学生，她要我代她向贵校校长问好。"并随即转向校长道："现在这个口信带到了，请您打个电话告诉那位女同学，她的电话号码是……"这是经过精心策划的，讲话的开场白是预先有目的、有计划的。这个开场白充分显示了一位"平民总统"对中国公众的友好和盛情，因而得到中国公众的赞许和欢迎。

其次，公关人员在实施公关计划、进行公关活动时，根据现实语境变化的需要，灵活控制语言表达，表现为掌握分寸，审慎措辞，准确传递有关信息，而避免语言失控，出现随意性，造成波动局面。特别是在重大公关场合，公关语言一字千钧，影响到组织的声誉，关涉到公众的利益，公关人员务必审慎选用词语，成功驾驭语言。公关人员要学会应付突然的变故，学会控制未曾料到的被动局面。在这个时候，运用模糊语、委婉语，或运用转移话题、避实就虚、因势利导等语言艺术手段，可帮助公关活动得到成功。富有弹性的语言可给自己留有余地，把握住说话的主动性，不致失言误事，这也是公关语言控制性的一种具体表现。

程序4　综合运用公关语言形式

（1）利用独白进行口语创作

在礼仪主持中，独白是最为常用的一种语言形式，也是最能够体现主持人语言创作能力的形式，因此，主持人要准确把握独白的口语创作特点，充分展现语言的魅力。

以下是相关的例子。

例4—1

有家食品店被8个小伙子承包，"小经理"就职伊始，进行了演说："各位，今后我们8个人就要同舟共济了。抵押承包，可不像张飞吃豆芽菜那样轻松，搞不好会赔了夫人又折兵，我是不想把夫人赔上的，不知各位意下如何？咱们8个人应了一句'八仙过海，各显神通'的古话。各位有什么绝招，不管是宝葫芦、芭蕉扇，还是何仙姑的水莲花，都可以使出来。不过，常言说无规矩不成方圆，咱们也得立个章程。第一要遵纪守法，讲职业道德。该交的交，该留的留，不能含糊……第二对顾客要热情，情暖三冬雪，诚招天下客。脸上少挂点霜，不善于笑的，多看几段相声，多听几句笑话，案头上摆个弥勒佛。还要讲点仪表美，济公心灵够美了，请他老人家来站柜台恐怕不行。第三点，说出来有点不好听，大家在家不妨吃得饱一点，最好不要到店里来补充营养。咱们这个店去年有一个月损耗点心200多斤，人人都说闹耗子。这也太有损我们的形象了。最后，请各位回家转告自己的妻子、恋人，我们堂堂8条男子汉，绝不会把她们赔上的，请她们等着抱'金娃娃'好了。"
（《演讲与口才》，1988年，第3期）

首先，在这段独白中，第一句就指向听众，"今后我们8个人就要同舟共济了"一下子调动了听众的情绪，拴住了8个人的心。最后一句，还是明明白白地指向"8条男子汉"，通篇演说，没有一句是无指向性的。符合独白"指向明确"的特点。

其次，陈述的过程也富有逻辑性和层次性。那位"小经理"在谈到树立店章时讲的那几条：第一是治店之本；第二是经营之道；第三是廉洁形象。顺理成章，人情入理，毫无突兀之处，给人一种信服感。

最后，这段独白最为精彩的地方，就是其"充分展开"的特点尤为明显。如"抵押承包"的风险——赔了夫人又折兵；"微笑待客"——脸上少挂霜；替"多吃多占"找借口——补充营养等,这样的表达无疑更增加了说服力。

(2) 利用对话进行观众互动

在新闻谈话类节目中,对话是推进节目进程的重要形式。但在礼仪主持中,与嘉宾或观众的对话,往往只是为了增强活动的互动性。因此,主持人在语言中切忌使用简单的否定句或判断句,而应以宽容、友好的语言激励观众参与,以达到良好的沟通效果。

以下是相关的例子。

例4—2

上海东方电视台《快乐大转盘》的某主持人在主持有观众参与的"快乐家庭大奖赛"中有一席这样的话:

主持人:"请说出6首歌词中有'妈妈'一词的歌曲,妈妈还要唱出来,唱一句就可以了。"

观众:妈妈,妈妈,亲爱的妈妈……

主持人:好像音不太准,我也算你对了。亲爱的妈妈一个,还有吗?

观众:我的好妈妈,下班回到家……

主持人:好,两个两个,还有吗?赶快。

观众:妈妈讲……

主持人:哎呀,时间到了,非常遗憾。

在上例中,主持人以非常友好的态度、宽松的语言给予了参与者极大的鼓励与启发,让其始终以积极的心态参与游戏,既给现场带来了活跃的气氛,又带动了所有的观众一同参与到游戏中来。

 学习单元2　倾听艺术

 学习目标

➢ 了解听解能力的重要性
➢ 熟悉倾听的层次和影响倾听的因素
➢ 掌握倾听的基本步骤和要点
➢ 能够运用倾听技巧进行积极的倾听

 **知识要求**

1. 听解能力概述

听解能力是指发送者在发送活动中应具备的倾听、理解接受者反馈信息的能力，是言语交际中必须掌握的一种能力，在公关语言中也可概括为领会原则。作为言语活动的公关言语活动既包括表达，也包括领会。

公关语言活动是一个组织为了特定的公关目的而对特定公众所进行的言语活动、言语行为，其根本任务在于运用自然语言并借助体态语言向特定的内部公众或社会公众达意表情，并透过公众的言语确切领会公众所欲表达的意和情，从而实现与公众之间的双向交流。因此，对于公关人员来说，不管是同时空的人际双向交流，还是大众传媒交流，都少不了言语领会能力。真正的双向交流就是双方都有表达都有领会的博弈过程，作为主体或者作为公众都离不开表达和领会技能的同时掌握。只有这样，才能实现公关语言活动的目标，即追求理想的表达效果，使得自己的话语在修辞上确切、规范、得体、经济，易听、易读、易记；追求理想的领会效果，使得自己的领会迅速、准确、全面、透彻。

2. 倾听在口语交际中的意义

(1) 听和说是构成口语交际的两个因素

俗话说："会说的不如会听的"。在言语发送活动中，听与说是互相依存的，说了，必须听反应；听清了，理解了，才能继续说。单向发送中的听解，可以使自己及时调整发送的内容和形式，以保证发送活动能够继续、深入，双向发送中的倾听，可以随时领悟对方的意图而后选择恰当的言辞以对。比较起来，双向发送中的倾听，比单向发送显得更为重要些。因为双向发送中，彼此为发送者和接受者，谁也无法完全把握对方将怎样发送，只有耐心地倾听，边听边思考，使原来不知道的得以明确，原来粗浅的得以深刻。有时，倾听不仅可以准确理解对方的要求，而且也可以在倾听中了解对方的性格、学识、才能、兴趣等，以便自己能够对症下药。有时，为了获取对方的信息；还可以故意引诱、刺激对方多说；说得越多，暴露的问题也就越多。这就为自己将怎样说找到了突破口。

(2) 倾听是获取和反馈信息的重要渠道

现代社会组织和个人往往把信息收集放在工作的首位。获得信息的渠道有很多，倾听则是其中重要的部分，由于口语交流常常是在不稳定、不规则和瞬息万变的语言环境中进行的。这些杂乱无章的语言信息,有真有假、有好有坏;有的清晰,有的模糊,有的言近旨远,有的言此意彼,要进行积极有效的对话和交流,就必须仔细听辨并注意过滤,这样才能去粗取精、去伪存真、由此及彼、由表及里地筛选纷繁的语言信息,得到有用的东西。尤其是在主持过程中,通过倾听能够获得最即时的信息,并据此作出回应,符合谈话的同步性特征。

(3) 倾听是建立与协调关系的重要途径

每个在说话的人都会不同程度地关注别人是否在倾听,关注自己的见解、看法是否被别人重视,关注自己的人格是否受到别人的尊重,以决定自己以后说话的方式和内容。如果述说没有引起对方的注意,或被对方无礼地漠视、冷淡,就会或多或少地失去说话的兴趣,或胡乱敷衍、草草收场,或不知所措、语无伦次,甚至感到自己受到了侮辱和轻视。所以乐于倾听在人际交流中是一种非常重要的品质,倾听可以体现尊重。在口语交际中,认真虚心地听对方讲话,是最能够表达对对方尊重的方式。要倾听各种意见,不管是同意还是不同意,愿听还是不愿听,想听下去还是急于走开,在表现上都要好好听,不让对方扫兴。当对方在说话时,表现为心不在焉或直接打断都是很失礼的行为。主持人全神贯注地倾听是对嘉宾、观众尊重的一种表示,是引起对方说出心里话、真实再现自我的一种手段。用"听"交际或者用"听"主持节目,遵循的是某种社会文化的规律,遵循礼貌原则,通过眼神、情绪、态势,听者用"无声的交际"与对方的"有声交际"相呼应,形成一个和谐的"心理场",推动情绪的交流和共识的形成。

倾听是一种富有魅力的节目主持风格,是一种超越话语行为的文明交际方式。它体现一种良好的素养,一种文化精神和社交的审美追求。

3. 倾听的层次

倾听是指对以声音为载体的信息的接收过程。大致可被描述为四个层次,一个人从层次一成为层次四倾听者的过程,就是其倾听能力、交流效率不断提高的过程。

(1) 心不在焉地听

倾听者心不在焉,几乎没有注意说话人所说的话,心里考虑着其他毫无关联的事情,或内心只是一味地想着辩驳。这种倾听者感兴趣的不是听,而是说,正迫不及待地想要说话。这种层次上的倾听,往往导致人际关系的破裂,是一种极其危险的倾听方式。有的主持人表面似乎在煞有介事地"听",其实早已经以不易觉察的"旁骛"思考或关注其他的东西了。这样似乎很"礼貌"地听其实是不知所云地

"听",甚至用漫不经心的应答维持一种虚假的"交流",若对方稍有觉察,就会顿感不快,甚至会怀疑主持人的诚信,造成交际的裂痕。

(2) 被动消极地听

倾听者被动消极地听所说的字词和内容,常常错过了讲话者通过表情、眼神等体态语言所表达的意思。这是听觉心理定势造成的。它来自听者过于主观的"超前判断",或者觉得对方的话只有部分的价值,或者实用主义地选择能为我所用的听,其他就有意地放弃,这样的故意"漏听"的后果是造成"偏听",形成对语意的误解。这种层次上的倾听,常常导致误解、错误的举动,失去真正交流的机会。另外,倾听者经常通过点头示意来表示正在倾听,讲话者会误以为所说的话被完全听懂了。

(3) 主动积极地听

倾听者主动积极地听对方所说的话,能够专心地注意对方,能够聆听对方的话语内容。这种层次的倾听,常常能够激发对方的注意,但是很难引起对方的共鸣。

(4) 同理心地听

同理心积极主动地倾听不是一般的"听",而是用心去"听",这是一个优秀倾听者的典型特征。这种倾听者在讲话者的信息中寻找感兴趣的部分,并认为这是获取有用信息的契机。这种倾听者不急于做出判断,而是感同身受对方的情感,能够设身处地看待事物,总结已经传递的信息,质疑或是权衡所听到的话,有意识地注意非语言线索,询问而不是辩解质疑讲话者。其宗旨是带着理解和尊重积极主动地倾听。这种感情注入的倾听方式在形成良好人际关系方面起着极其重要的作用。

4. 影响倾听的主要因素

(1) 表达者所使用的语言

表达者所使用的语言受制于年龄、性别、性格以及口语表达水平、文化修养、身份地位等。有的人口齿伶俐、语言顺畅、明白易懂;有的人发音结巴、语病很多、吐字不清、方言明显。有的人语言讲究、措辞精美;有的人说话粗俗、口出狂言。有些领导者说话居高临下;有的下级说话绕弯子,恭维词多。

再以性别为例,女性在交谈中表现得比较合作,倾向于明确提及前面别人已经说过的,并尽量将自己要说的与之相联系,比较注意保持交谈的连贯与顺畅。因此,往往会围绕同一个话题谈上较长时间,话题转换较为缓慢。当自己的观点与他人不同时,女性倾向于迂回地表明自己的不同看法甚至委屈自己迁就他人。而男性往往直截了当地提出不同想法。男性往往不断转换自己感兴趣的话题、打断他人的话题、控制话题，这些行为表现出男性希望自己的言行能引起别人的注意和重视，以表明自己的权威。

（2）接收者的主观能动性

倾听具有一定的选择性，选择性就是在众多的口语信息中保持任意取舍的自由度。体现在选择性接受、选择性理解、选择性记忆、选择性参与、选择性认知等方面。在口语信息传递的场合，信息量往往很大。因此，在听对方的一大段或一长篇话时，只须对其中最重要的信息加以特别注意。

选择性可分为主动选择和被动选择。比如听一堂课，对老师讲的，有的听进去了，有的没有听进去，听进去的可能是觉得陌生而有趣的，这种选择带有一定的被动性。如果听进去的是认为重要的、和自身有密切关系的内容，则有可能在倾听时，作了判断，从而进行主动的选择。对于主持人来说，主要是强调在倾听时学会主动选择，这也是公关语言控制性的体现。

（3）交谈所处的语言环境

语境是影响倾听最为复杂的因素，表现为谈话的内容、传递方式等。如专业性较强的谈话内容，则要求倾听者有相应的专业背景知识。此外，倾听还受制于其他一些客观因素，如讲话者的音量大小，有没有话筒或其他扩音器，允不允许提问等。

技能要求

在倾听中把握要义

礼仪主持人平时要有意识地进行倾听训练。在主持活动前晚，要保证充足的睡眠，以确保集中精神，积极倾听。

1. 倾听的基本步骤

积极倾听所传递的信息是"我"听清并理解"你"所讲的内容。积极倾听，需要主持人的肢体语言与讲话者的肢体语言的配合。用自己的语言，把所听到的、看到的讲话者的主要观点和自己的理解，简要地概括并复述出来。注意所反馈的内容要么是自己对讲话内容的理解，要么是对讲话者的感觉的理解。不论是哪一种，都要在适当的场合表示出来。还要注意积极倾听的反馈不意味着同意。人们可以同意讲话者的观点，也可以不同意讲话者的观点，即使不同意讲话者的观点，仍然可以表现出在积极倾听、理解讲话者的观点。从讲话者的角度去看待事物是获得良好沟通效果所必需的。主持人抓住讲话者的重点，并且用心、眼睛以及耳朵去倾听，去理解藏在词汇后面的意思。

近10多年来，许多国家都很重视听辨机理的研究。其中，加拿大科学研究会经过实验总结出的一种科学的听辨方法，得到了较为普遍的肯定与推崇，那就是"TQLR"听辨法。

步骤1　调频

要求听者在开始倾听时，听觉思维注意"调"向对方所表述的话题，并唤起自己脑子里"库存"的与话题有关内容的回忆，并时时注意排除有碍听觉感知的一切干扰。这是听辨活动的启动。

步骤2　提问

从一开始倾听，就要在头脑里形成探究性疑问的主动感知态势，如"他的中心话题是什么""将就此说些什么""他为什么要说"等。

在向对方提问时，要多提开放式的问题，如果提出的是一个封闭式的问题，那么只能得到较少的信息。人们通常回答"是""不是"或简单事实。

例如：

你喜欢什么动物？狗。

你喜欢你的工作吗？喜欢。

你还有什么问题吗？没有。

封闭式的问题对于寻求事实，避免有人提出一些啰唆问题是有帮助的，而对于展现故事全貌是不利的。展现故事全貌要问开放式的问题，所谓开放式的问题是鼓励讲话者提供充分的信息和细节。

例如：

告诉我关于你的宠物的一些事好吗？

你喜欢你的工作的哪些方面？

你遇到什么问题了？

你的老板怎么样？

注意开放式的问题是陈述句式，没有固定的规则。不一定要以谁、什么、何时、何地、为什么、怎么样来开头。询问开放式的问题需要更多的技巧。例如，避免用"为什么"开始问问题。比如："你为什么那样做？"人们往往对这类问题会产生一种防御心理，不情愿提供给主持人想要的信息。

步骤3 聆听

倾听时力求听清每句话、每个词，一边听，一边框架式地记住对方表述的内容，并作筛选、提炼、归纳，通过相关联想，预测还会说些什么。

当讲话者正在讲话时，运用认同的技巧表明正在听，并鼓励讲话者继续讲下去。换句话说，用点头、附合声以及肢体语言对讲话者表示认同。

步骤4 复现

边听边回忆前面所说的内容，并与目前说的内容联系起来，通过去伪存真、由表及里的思辨、推断，对语段作小结或评价，暂时存入记忆"仓库"，然后继续听下去。

有时可将这种复现直接表达出来，即用自己的语言把讲话者所表达的意思或感觉表述出来。讲话者可能想要修正主持人积极倾听后的复述。比如，"这样理解是对的""那个意思你似乎没有完全理解"等。如果主持人陈述的是讲话者的意思，并且清晰准确，交流将继续下去。否则要即时修正、确认。

此外，沉默也是一种积极倾听的应答。在倾听过程中，适当地停顿一会儿，让讲话者能够有时间思考主持人所说的并决定该如何反应。因为积极倾听的应答会激发出更加深思熟虑的反应。这可能需要几秒的时间来反应，所以要有耐心。最后基于对讲话者观点的理解发表主持人的看法。

2. 积极倾听的技巧

(1) 全神贯注、依据成品

口语交际，接受的一方全凭耳朵，而说话者的语流又是连续不断且相当快速的，这时倾听者稍一走神，就会间断听觉神经的活动，严重影响听的效率。所以倾听的首要要求就是要精力集中，全神贯注，准确无误地捕捉对方用口语发出的信息。在量上尽量接受更多的信息，在质上保证信息不走样、不变形。

在倾听过程中应当以具体的言语成品为依据，即以公众所说出的话语、所写下的文章为依据。因为，言语成品作为信息交流媒介是包装公众思想感情的最基本形式，是联系公关主体与公众的最主要纽带；公众所欲表达的思想感情，绝大多数都包装在话语文章当中，不管是表层意义还是深层意义，不管是言内之义还是"言外之意"。虽然体态语言也可以表情达意，但它只是自然语言的辅助手段，虽然言语环境对于言语理解具有重要参考价值，但言语形式本身所负载的意义始终居于首位。

有段著名的相声《打岔》描绘了倾听错位造成的笑话。如，石富宽说："你说的不对!"侯耀文回答:"什么,春节晚会?"……石说:"你呀,听不见!"侯又说:"什么,上法院?"最后,倾听的错位导致交谈无法继续下去。

因此,必须做到不误听、不误看,同时,要紧扣言语形式索解言语意义,不捕风捉影,不凭空虚构,不先入为主、固执己见,以保证接受、理解不走样。

(2) 排除干扰、捕捉信息

公关倾听和读解的目的在于获得来自公众和社会外界的信息,为我所用。但是公众和社会外界的信息并非是专门为本组织提供的,而是散存的,公关倾听和读解存在着普遍的非对象性。非对象的言语成品可能是用汉语说写的,也可能是用某种外语说写的;可能是用现代汉语说写的,也可能是用古代汉语(说)写的;可能是用标准普通话说写的,也可能是用方言或者很不标准的"普通话"说写的。为了准确理解听读对象的思想内容,获取对本组织有用的确切信息,公关主体应当按照公众所使用语言的具体规范来进行听解读解,否则就会出现差错。听读外语言语成品时一般不会出现以母语规范索解的毛病,但母语的语音、词汇、语法、修辞方法却会时时干扰对外语的理解。

除此之外,干扰还可能来自于客观环境。比如在主持会议时,当讨论到某个问题时,会场人声嘈杂,各执己见,各说各理,要全部听清,既无必要,也不可能。主持者就要捕捉自己所需要的声音:或者是独立的新见解,或者是值得讨论的另一种主张,或者是支持自己和对自己有利的看法,或者是需要引出加以批驳的错误论点等。这时,如果不具备很强的选择性,会议的主持人就会被动,导致会议不能获得预期的成功。

口语交际中,听者所选取的内容也不"一视同仁",要根据不同情况分别加以对待。或者是听完后只做大致了解,或者是着重对某个信息加强思索理解,或者对其中几个信息进行选择性记忆。

(3) 积极参与、推进谈话

积极倾听能够激发讲话者和听众的灵感,使双方积极参与到交流中来。首先,它需要听者以积极的心理活动来理解讲话的内容。把这种理解反馈给讲话者,同时也给予听者检查听的效果和理解程度的余地。其次,积极倾听的反馈能够帮助讲话者理清思路,使交流更加准确。积极倾听的反馈能帮助讲话者发展思想,给予讲话者机会理清想说的内容或激发讲话者的思维做进一步的补充。通过积极的倾听可以收集到更多的信息,使交流更加令人满意。

美国著名的主持人林克莱特在一期节目上访问了一位小朋友,问他:"你长大了想当什么呀?"小朋友天真地回答:"我要当飞机驾驶员!"林克莱特接着说:"如果有一天你的飞机飞到太平洋上空时,飞机所有的引擎都熄火了,你会怎么办?"小朋友想了想:"我先告诉飞机上所有的人绑好安全带,然后我系上降落伞,先跳下去。"当现场的观众笑得东倒西歪时,林克莱特继续注视着孩子。没想到,接着孩子的两行热泪夺眶而出,于是林克莱特问他:"为什么要这么做?"他的回答透露出一个孩子真挚的想法:"我要去拿燃料,我还要回来!还要回来!"在这一谈话过程中,主持人紧扣孩子的回答,层层推进,最终将谈话推至情感的顶峰。

可见,倾听不是被动地接受,而是一种主动行为。当主持人感觉到讲话者正在不着边际地说话时,可以用机智的提问来把话题引回到主题上来。倾听者不是机械地"竖起耳朵",在听的过程中要不断思考,不但要跟上倾诉者的故事、思想内涵,还要跟得上对方的情感深度,在适当的时机提问、解释,使得会谈能够步步深入下去。

3. 倾听的要点

(1) 识别语境

言语环境主要指言语活动赖以存在的时间和场合、地点等因素,也包括表达、领会的前言后语和上下文。为了正确有效地索解话语文章的含义,公关语言领会必须充分利用言语环境。时间、地点、场合等语言环境因素对于表达、领会都有重要作用。对于表达来说,语言环境越具体,表达越可以简略;对于领会来说,语言环境越具体,领会越轻松容易,判断越可靠,不熟悉具体的时间地点,就会发生误解。比如在卖肉柜台,售货员和顾客常常有这样的对话:"你几斤?""两斤。""要哪儿?""这儿。"由于语言环境很具体,双方问答都特别简略,谁也没发生倾听的失误。

言语领会的环境还包括表达者的身份以及表达双方的角色关系等因素,公关言语领会应当注意这些因素的存在,并积极利用以助听读。如果无视这些环境因素的存在,或不善于利用这些环境因素来帮助听读,就会出错甚至带来不良后果。

(2) 分清所指

语言要素、单位都有抽象、多义、多功能的特点,而一经人运用语言就变得具体、单义,只实施着某一种特定的功能。"词义"不等于"意义",前者是语言意义,指的是词在与语言词汇中其他词所构成的系列关系中所占的位置,也即词所具有的表意的可能性;后者是言语意义,指的是词与具体的客观世界之间的联系。语言意义是抽象的,言语意义是具体的。比如"猫"这个词的词义是"哺乳动物",它可以用来指所有种类的猫;而在"我喜欢这只猫"这样的句子中,"猫"的意义却很具体，只指说话人所指的那只特定的猫。在言语成品中，言语单位越大，其中语言单位的意义就越具体。一般来说，在一个句子、一段话语或一篇文章中，一个词、一个句子只表示一种意义（双关或有隐喻义的另当别论）；一个词的含义、强度、细微差别只有同它所在的具体上下文联系在一起时才能被把握，一个句子的含义也只有同它所在的更大的上下文整体联系在一起时才能被准确理解。

如校名，同是"南大"，如果是天津人，一般指的是南开大学，如果是南京人，一般指的是南京大学；同是"华师"，武汉人用来指称华中师范大学，广州人用来指称华南师范大学，上海人用来指称华东师范大学；同是"中大"，广州乃至内地用以指称中山大学，香港却用以指称中文大学。比如地名、河名，一般的人说河南，指的是地处中原的河南省，而广州市人说河南，常常指的是珠江南岸的市区；一般人说运河指的是沟通我国南北五大水系的大运河，可是广东省东莞市人说运河，仅指穿越东莞城的一条小运河。对于类似情况必须细加分辨。

(3) 琢磨深意

语言所表达的含义通常是多层次的，在倾听过程中，要学会琢磨对方的话外之音，理解其言外之意，才能巧妙地应答。

例如，20世纪50年代初期，周恩来总理接受一位美国记者的采访。那位美国记者见周总理的桌上放着一支美国的派克钢笔，便问："请问总理阁下，你们堂堂的中国人，为什么还要用我们美国生产的钢笔呢?"周总理答道："提起这支钢笔啊，那可说来话长了。这不是一支普通的钢笔，是一个朝鲜的朋友在战场上得到的战利品，他把它作为礼物送给了我。我觉得有意义，就收下了贵国的这支钢笔。"周总理的言外之意是：美国固然强，但是在抗美援朝的战争中，美国还是输给了中国和朝鲜。所以在那场战争中，美国是失败的一方。周总理收下作为战利品的笔，正证实了中国不比美国差。其实周总理是在很委婉地回击骄傲的美国人。

又如，某家汽车公司的一则广告中这样写道："抱歉，在汽车的行驶中，还可以听到钟的滴答声。"表面上看来，是发表道歉声明，但事实上是在自夸他们的汽车，跑起来完全没有引擎的声音，非常安静。

所谓"听话听声，锣鼓听音"就是指在交谈中，要能听出对方的言外之意，只有准确的"解话"，才能恰当的"接话"。

(4) 辨析歧义

倾听读解不怕语言间的"大异"，最怕语言间的"殊微"，或表面相同而实质迥异。

有时会将一个与汉语某词意思用法大体相同的外语词当成与汉语该词完全一样

的词来索解,从而产生误解(如英语的"dog",和汉语的"狗","dog"除了狗的意思外,还有铁钩、支架等意思)。比如有时会不自觉地受母语语法影响而对外语或少数民族语话语文章理解出错或根本无法理解,如四川的阿坝,不同民族间通行的"土汉语"所说的"头发剃没有"意思是"没有理发"。

再如,有的方言地区的人说写的虽是普通话,但还残留着方言的词语或句法。如粤方言区人说写普通话时用的"好像"实际上是个方言词,意为"比如",不按照其特定用法理解,也不能圆满地完成接受领会的任务。

在人际交往尤其是口头直面交际中,听话和理解话语是说话和表达的参考和依据。如果是单向式地发表演讲,注意倾听听众的反映以及时调整自己的话语内容和形式,是维持演讲顺利进行、取得理想表达效果的重要保证;如果是双向式的交谈、论辩,准确地听话,深刻地领会对方话语的弦外之音、言外之意,是及时进行有针对性的对答、论辩、还击的根本前提。因此,礼仪主持人必须具备熟练的语言技巧和灵活机智的应变能力,生活中有人喜欢转弯抹角地说话,有人喜欢把话说得很俏皮,应该争取多与这些人对话交谈,多静听他们讲话,随时辨析哪些话有弦外之音,以训练主持人的听辨能力。有些难言之隐是通过双关、借代、仿拟、反语、婉曲等有意模糊的修辞手法表达出来的,而且与特定语境有密切关系。所以要周密观察,细心演绎,才能听出言外之意,作出正确的推断。同时,礼仪主持人应广泛地学习各种文化知识,不断提高人文科学素质,适应信息时代的需要。

第 2 节 语 言 交 际

学习目标

➢ 了解语境及其分类
➢ 掌握言语得体性原则
➢ 能够根据不同的交流对象、时机、场合选择得体的用语
➢ 能够自觉运用言语交际的原理处理活动中的各种关系

 **知识要求**

1. 语境及其分类

语境是指交际主体进行言语交际活动的环境，主要由上下文语境、情景语境和社会文化语境构成。它是一切话语的出发点，话语依语境而存在，语境约束话语的意义。人们每天都在不停地说话、交流，但由于时间、对象、地点、形式不同，在表达相同的内容和意思时会选择不同的方式和语气，这就是语境变化。这种对语境的顺应能力是在生活中不自觉、无意识地学会的，而后天的培养和学习又不断强化和提高了这种能力。所谓"到什么山上唱什么歌"就是对谈话方式和效果最形象、最通俗的总结，对语境的重视是成功交流和有效谈话的基础。

直接面对受众，以传播、交流为手段的主持人的语言活动离不开语境的制约和支持。主持人必须考虑到自己身份的变化，既是个人的，又不是个人的。当主持人以个人身份代表媒体与广大受众进行交流、传播时，许多因素（如时间、地点、节目性质、观众类别、地域、文化、传播渠道等）都将不同程度地影响着对语言的选择与使用，制约谈话的内容与方式。主持人对于语境的认识和把握，是主持人语言活动的逻辑起点，是主持人语言艺术的根基。它不仅关系到主持人怎么说，而且有效地制约和影响着主持人与受众的交流和沟通。主持人只有顺应了这种语境，并在可能的情况下积极营造、改变语境，才会让主持语言既生动活泼，又富有成效，否则传播与交流将处于无序与无效的境地。此外，对于主持工作来说，语境既是语言传播存在的环境，也可以看成即兴口语创作的一种手段或资源。

语境有广义和狭义之分，广义语境就是社会环境，类似于文艺理论上所讲的"典型环境"或"大环境"。不同的时代、不同的社会、不同的国家和地区，意味着不同的社会经济基础以及在此基础之上的不同上层建筑。它决定了不同的社会政治环境、文化背景、社会思潮，支配着人们的思想和行为，也支配着人们对语言的使用。在政治、外交等重要的社交活动中，使用语言、构建妙语更应该注意社会环境。狭义语境，就是语言发生与接受这种言语活动的具体环境，主要指言语交际的对象、时间、地点、场合等。言语交际活动总是面对一定的对象，在一定的时间、地点、场合进行的。出言吐语要能够得体，并且在适当的机会使妙语"应运而生"，不能脱离这些语境中的客观因素，即所谓的"具体情况具体分析"。

由于语境的所包含的因素复杂繁多，因此，语境的分类也具有一定的难度。立足于语境同语言的关系，可以将语境分为言内语境和言外语境两大类。

(1) 言内语境

言内语境即文章或言谈中话题的上下文或上下句。一般来说，对话语的理解依据是上文，听话人或读者对上文或上句作出推理，然后说话人又进一步说明，这种说明又成为听话人理解说话人意图的依据。言内语境又分为音调语境、语义语境、语法语境、文体语境四类。

1) 音调语境。语音的各种表现形式（如谐音、叠音、拟声、双声叠韵、字调、语调、押韵、儿化韵等），在交际中都表达一定的意义，因此，语音是构成微观语境的因素。就拿押韵来说，押什么样的韵，对表达什么样的思想感情会起一定的制约作用。同样，词或句子读音的轻重、抑扬顿挫、语调升降、节奏等也在交际中表达它们各自的意义，对构建语境有十分重要的作用，尤其是在口语中，这种作用更加明显。因此，词或句子的重读及节奏也能构成语境。

2) 语义语境。语义是社会成员在交际过程中，集体确立并为大家所共同认可，即"约定俗成"的词语的意义。根据索绪尔区分"语言"和"言语"的观点，可将语义分为语言意义和语用意义。语言意义是语义的基本概念，语用意义即是由特定的上下文中词或句子乃至整个话语的特殊含义，以及人们在参与言语活动过程中赋予语言符号的附加意义，主要体现为语境意义与修辞意义。语义融于语境之中；语境不同，语义也会随之发生变化，这是语义学最基本的原理。脱离了语境，不仅对词而且对于完整的句子而言，也可能产生歧义。因此，语义与语境在语言交际中是相互依赖、不可分割的，而且是语境中的重要一员。

3) 语法语境。语法是语言的结构规则，特定的语境往往制约着词或句子的语法意义。如"学习报纸"可以是偏正结构，也可以是动宾结构，一旦融入具体语境中，这个词组的语法意义就具有单一性了。句子根据内部特点可以分成许多类型，如长句和短句，整句和散句，主动句和被动句，肯定句与否定句等。一种意义往往可以用好几种句子来表达，但语境制约着句式的选择，形成了语法语境。因此，语法语境不但可以表现在句子中词与词之间的相互制约上，还可以排除句法歧义。

4) 文体语境。文体实际上和语境有相当密切的关系。讲文体，大体上可以有三种讲法。第一种是大而化之，只区别出几种最重要的，每种还包括许多子目的文体；第二种是另一极端，力求详尽；第三种是折中的，比详的略，比略的详。在交际中究竟采用哪一种取决于"语境"，这就形成了文体语境。

(2) 言外语境

言外语境是指言语之外的环境，故又称非语言环境，也可称为情景上下文，它从各个方面影响着词的意义，如社会背景、语言情景、具体事件以及讲话方式等。

言外语境又分为情景语境、自然环境、文化语境、认知语境四类。

1) 情景语境。情景语境就是指言语行为发生的实际情景,它应包括下列一些内容:

①言语活动的风格。包括参与者双方的年龄、性格、身份、职业、修养、处境、人格;观念、社会地位、思想倾向等,以及这些要素的相互关系。

②言语活动的时间和地点。

③言语活动的正式程度。如文体差异、情感差异等。

④言语活动的范围和主题。言语活动的范围,包括政治、经济、科技、文艺、日常生活等领域。

以上这些因素直接或间接地影响着词的选择和词义的定位。

2) 自然环境。言语交际总是在一定的时间和空间中进行的,这些时空因素(包括时令、地理环境、自然景物)往往能对言语表达产生影响。说、写者都根据自身的感受,寓情于景。恰当结合自然环境来组织言语形式,可以激起对方的共鸣,收到更好的表达效果。自然环境包括三方面。

①由时令构成的自然语境。在一定时间内进行言语交际,时令是能够引起双方共鸣的因素。

②由地域风貌构成的自然语境。平时所说的"即景生情"中的"景"不仅指时令气候形成的自然风光,也指地域的风貌特征,它同样能激发言语表达者的共鸣。

③由交际时的眼前实物构成的自然语境。前面所讲的时令气候、地域风貌都是广泛而抽象的概念,这里论及的"眼前实物"则很具体,交际者的眼光可以赋予他人的感情色彩;所谓情起于物、物我交融,都说明人与物,主观与客观的关系。

3) 文化语境。有的词只依据情景语境和语言语境还难以理解其真正内涵,这一部分词的理解还必须结合一定的社会文化知识背景,即文化语境。文化语境指说话人所在的言语社团的历史文化、风俗人情、价值观、社会交流等。同一文化背景的人在言语活动中更容易接近、理解,根本原因在于这些人具有相同的认知环境。较之于语言环境和情景语境,文化语境对跨文化交际更重要。语言反映一个民族的特征,它不仅包含着该民族的历史和文化背景,而且蕴涵着该民族对人生的看法、生活方式和思维方式。语言与文化的交融产生了文化语境,是语言交际不可缺少的因素。

4) 认知语境。认知是指人通过对于外部世界的概括或抽象,形成一定的知识结构,这一过程又称为结构化。例如,一提到有关具体场合,便会自然想到在该场合可能使用的语言表达;一提到某种语言表达,便会自然想到与这种表达有关系的具体场合。所以，语用因素的结构化便产生了认知语境。认知语境是人对语言使用的有关知识，是与语言使用有关的、已经概念化或图示化了的知识结构状态。语言使用时，交际者根据交际场合的需要，可以自觉或不自觉地激活有关的认知语境内容，使之投入使用。认知语境包括语言使用涉及的情景知识、语言上下文知识和背景知识三个语用范畴，也包含社会团体所共有的集体意识。

不同类型的语境呈现出鲜明的层次性。从言内语境到言外语境，语境活动的形态由稳定性逐渐向动态性过渡，语境影响的方式慢慢由外显性向内隐性转移，语境呈现的性质由共同性渐次向差异性发展，语境显示的功能也由制约性向生成性递增。

2. 言语得体性原则

所谓得体是指在运用语言时，言语思维主体能够根据不同的目的和题旨，根据不同的文化、语体、交际情况、交际对象以及表达方式的需要等因素，选择适合各种因素的词语，给人以确切、舒适、和谐、很有分寸的感觉。所谓得体性就是言语主体所使用的语言材料对广义的语言环境的适应性。所谓得体性原则正是人际关系能动地反映在语用领域中的最基本、最重要的原则。其实质就是在具体的谈话中，对合作原则和礼貌原则的综合灵活运用。

得体性原则是言语思维主体为达到特定交际效果必须遵循的语用原则。在言语交际这个双向交流的动态过程中，这一原则要求言语主体在言语表达时要适应与交际有关的一切因素，包括适应题旨、适应人物、适应语境、适应语体等。

(1) 适应题旨

适应题旨，就是语言运用要符合言语主体所要表达的中心目的和要求，即辞要达意。"达"，既指能确切地表达所要表达的内容，又指能准确地达到所要达到的语用目的。虽然目的决定内容，内容为目的服务，但同时也应承认内容反作用于目的，即言语目的的实现有赖于思想内容的表达。所表达的内容如果偏离了所要达的目的，将会导致交际活动的失败，所以，必须使自己所表达的思想内容适合于、统一于自己所要达到的言语目的。此外，适应题旨还包括言语思维主体为实现语用目的可以巧妙地运用适合目的的表达形式，从而收到"情信辞巧"的表达效果。

人们的言语交际起因于一定的交际动机与目的。交际动机与目的往往影响并决定着言语行为的发展方向，对交际主体的话语角色定位起着决定性的作用。因此，选择、确定自己的话语角色首先必须注意自己的交际动机与目的。

以下是相关的例子。

例 4—3

主持人：各位朋友，大家好。欢迎收看我们《××××》的节目！前两天，我有一个朋友给我猜了个谜：什么人每天都被 6 双眼睛监视着？他告诉我，答案是独生子女。实际上，岂止是 6 双眼睛，现在独生子女得到的爱实在是太多太多了。关键是这些爱能不能从他们身上辐射出去。比如在学校的门口，我们就经常看到这样的景象（大屏幕播放放学时的校门前情景）……家长们排成了长龙……家长和孩子都在谈论一个话题……（记者问一个男孩：你知道你爷爷喜欢吃什么菜吗？孩子回答：不知道！）

主持人：（采访观众席女孩一）你们学校是不是有这样一堂课，叫做解释名词？

女孩一：上语文课的时候，课文里面的重点词，老师会跟我们讲的。

主持人：老师讲过没讲过什么叫"关心"？

女孩一：……（摇头）

主持人：（压低声音）你们老师连关心都不讲啊？

女孩和男孩一：没有。

主持人：肯定是没有。（掌声）哦，（采访女孩三）另一位，咱们现在是实话实说，你允许你母亲实话实说吗？

女孩三：可以。

这期节目的主题是讨论独生子女的"关心"意识。主持人的目的是想让孩子们理解"关心"的含义，但是光说大道理是不行。主持人从大人"关心"孩子入手，然后将话题一转，锁定在小孩会不会"关心"大人的主题上。以上选段，主持人从不同角度展开话题。首先从语义的角度探询孩子们对"关心"一词的理解，结果果然不行。主持人很快转换角度，从日常生活具体事例的角度探询，有所进展，但仍不理想。最后，主持人决定请出小孩的家长，希望从两代人的联盟中打开缺口。整段对话，紧紧围绕交际目的，采用多种谈话方式和内容以达到这一目的。

(2) 适应人物

适应人物就是指语言运用要适应交际双方，依据听读者和说写者两方的具体情况做到适当、适度和适量。适应人物应包括两方面，即适应交际自我和交际对象。言语交际适应自我是指语言运用要保持自我本色，根据自己的情况说自己的话。所谓自我本色主要指真诚本色、思想性格本色、文化教养的语言本色、不同性别的语言本色、职业特点的语言本色、身份处境的语言本色、阅历见识和生活经验的语言本色等。言语思维主体在交际时，只要适应了自身的这些特点，就算保持了自我本色。此外,言语交际还必须适应交际对象,离开了交际对象,根本谈不上言语交际。所谓适应交际对象,就是言语交际时,要和交际对象的各种特点相和谐、相一致,即要适应交际对象的年龄、性别、民族、文化修养、思想性格、身份、职业、阅历、心理状态以及适应与言语对象的关系,否则,就会影响交际的效果甚至完全失败。

(3) 适应语境

适应语境就是语言运用要受语言环境这一动态系统制约,即同语境这一动态系统相和谐一致。言语交际所在的地方、交际场合内的景物、参加交际的人物、交际的话题、交际使用的媒介、交际进行的时间、交际场合的气氛等构成了各种各样的言语场景,不同的言语场景决定了不同的话语交际行为。此时此地对人说此事,也许是最恰当的说法,但一旦场景中任何一个因素有变化,这样的说法就不好或不一定最好,就得换用另一种说法。如国家公布银行利率降低的消息后,记者在街上遇到过往的行人走上前问:"你对人民银行降低利率的做法有什么看法?"以此了解人们的消费心理,这是比较合适的,可如果换在紧张万分的救火现场,人们正在全力以赴灭火,记者也去问类似的问题,就极为不妥了。正因为场景在言语交际中对言语得体性有直接影响,因此,善于交际的人,往往能够利用场景因素有效地组织自己的话语形式,求得理想的交际效果。

言语交际是表达和理解双边活动的过程,人们要结合场景,表达得体,理解时也应考虑场景因素。话语的理解不能局限于话语形式本身的意义,而应跃出话语的表面意义,了解话语在具体的场景中所隐藏的暗示性含义。只有这样才能准确无误地理解话语的真实完整含义。如"今天好冷啊!"如果在教室里对一位同学说,可能是想让其他同学帮忙把窗子关上。如果在家里对妈妈说,可能是想让妈妈把暖气打开或想再加件衣服。

公关言语艺术在于摸透大众心理,言语处理弹性较大。公关言语中,时时会在预想不到的情况下使对方产生了误解和不快,在许多具体语境中要讲究言语礼貌,讲究礼貌就是减轻某些交际行为对面子带来的威胁,以免带来难堪局面从而破坏人际关系,导致个人或团体的形象受损。

在鲁迅的《立论》一文中曾经说道:一家人家生了一个男孩,合家高兴透顶。满月的时候,抱出来给客人看,大概自然是想得一点好兆头。一个说:"这孩子将来要发财。"他于是得到一番感谢。一个说:"这孩子将来要做官的。"他于是收回几句恭维。一个说:"这孩子将来是要死的。"他于是得到一顿大家合力的痛打。

这位讲实话的勇敢者是可爱的,这里唯有他道出了真理,但是也只有他挨了打。原因在于他说的话与当时的场合不符。所谓场合是"指一定的时间、地点的情况，是具有某种特点的人相互交际的具体状况，除时间地点外，它还与交际的目的、范围、对象和方式有关"。在这个故事当中，亲朋好友聚会在一起向生男孩的人家祝贺。这样的场合不是要明辨是非，进行真理的大讨论。在这个场合里语言是不是"真"并不重要，重要的是要表达对孩子和家人的祝福，说话的目的是要大家高兴。不顾及场合，即使说的是真话也不合适，而且是很"煞风景"的。

从广义的角度看，语境还包括民族语境和时代语境。不同的民族有不同的风俗习惯、生活方式、道德水准、思维模式和审美倾向，这种种不同构成了各种迥异的民族语境，形成了风格不同的交际环境。因此，在一种文化里的礼貌言语行为在另一种文化里未必也是礼貌的。会话原则虽具有普遍意义，但由于各个社会的文化不同，人们的言语行为交流和其他行为一样也必然由某些社会文化定势塑造而成。换言之，有什么样的社会文化就有什么样的言语行为规则或会话原则。

中华民族是一个以儒家文化为主导文化的民族，中庸、平和是中华民族文化的精髓。所以受众都乐于欣赏侃侃而谈、由浅入深、由表及里、轻松平和、圆满和谐的谈话方式与气氛，而无法接受那种咄咄逼人、穷追猛打、突然袭击、专指痛处的提问式访谈。这是由中华民族的文化和修养所形成的特殊的语境，主持人必须遵循这种民族审美习惯，否则会让自己陷于被动的局面。中国人在说话时往往采用迂回的方法，这主要是与中国人的文化、语言及思维习惯密切相关。中国文化在传统的"天人合一"的自然和社会观与圆式思维以及直觉、具体和辩证和谐的思想方法影响下，人们的言语交往也自然以整体、全面和变通为特征。人们的思想发散出去还要收拢回来，回落到起点上。结果，人们所用的语言自然具有较强的灵活性和意会性。

同时，中华民族又是一个以含蓄为美的民族，有的主持人不顾国情与民族习惯，在节目主持中袒胸露臂、浓妆艳抹，这会让观众感到不满。这源于民族语境对服饰在审美上有不同的习惯和选择，主持人对这种民族语境要认同和顺从，切不可盲目模仿西方的"洋式"装扮，结果会事与愿违。在交际中，只有了解彼此的文化特征，才能做到排除文化差异的干扰，正确得体地对外交往。中华民族是一个有着悠久文化传统的民族，汉文化的博大精深以及对其他文化的兼收并蓄和影响，都使得主持人必须对本民族的文化有深刻而广泛的了解，并具备深厚的文化底蕴和修养，才可能在特定的民族语境中运用自如地使用语言，创造良好的交流氛围，收到最佳的效果。

即使在同一种文化同一种社会背景下，如果时代不同，交际言语也会表现出不同的特点。一个时代有一个时代的精神风貌、社会生活、道德倾向、文化修养和风俗习惯，每个时代的人都深深地印上了这个时代的烙印。而语言正是这种变化生动的体现，它真实地记录了这个时代的生活，体现了这个时代的风貌，浓缩了这个时代的精神，反映了这个时代的追求。言语交际作为人类社会进步和发展的一种标志，与社会的物质文明和精神文明密切联系。在不同的社会历史阶段，物质文明和精神文明的需要也不一样。随着市场经济的发展，人们的言语行为更积极、有效地符合社会发展的需要，更有利于社会成员、社会团体之间的合作与交流，更符合社会道德和社会审美的要求。生活中，许多人话说得好听、得体，让人听起来满意、欢喜，人与人之间关系更为和谐融洽。人们已把交际言语规范、健康、纯洁、讲究技巧作为现代社会言语得体的标准。

(4) **适应语体**

适应语体就是为适应社会不同的交际需要，根据不同的交际条件即不同的交际环境、对象、目的、任务和内容，采用不同的语言材料和语用方法而逐步形成的言语特点的综合体系，是最基本的表达形式。适应语体，就是言语思维主体适应由于交际环境和社会功能的不同而形成的具有不同语言特点的语言表达体系。言语表达不仅要适应高层次的语体——口语语体和书面语体，还要适应低层次的语体，如书面语体中的公文语体、科技语体、政论语体和文艺语体等。每一种语体都有表现自己本身特点的不同的语料和表达手段，即常常有自己的专用词语、专用句法结构和篇章结构、语言风格等，这是此语体区别于彼语体的重点。言语思维主体在选词造句时只有同语体和谐一致，即得语体之"体"，才可能有良好的表达效果。

 **技能要求**

根据不同的对象、时机、场合选择合适的用语

礼仪主持人在交际之前要明确自己的交际动机，了解交际的对象。在有条件的情况下，事先考察交际场所，以选择适当的语言映衬环境。

1. 注意自己的交际动机与交际目的

以某次公司年会为例。通常，公司举办年会的目的是为了激励士气，部署战略，制定目标，奏响新一年度工作的序曲，同时在轻松愉快的氛围中，放松心情，熔炼团队。因此，年会历来被企业和组织视为一年一度不可缺少的"家庭盛会"。

某次年会的活动目的定为以下三点：

(1) 增强区域员工的内部凝聚力，提升×××企业的竞争力。

(2) 对 2006 年区域营销工作进行总结，对区域市场业绩进行分析。制定新年度区域营销工作总体规划，明确新年度工作方向和目标。

(3) 表彰业绩优秀的公司内部优秀员工，通过激励作用，将全体员工的主观能动性充分调动起来，投入到未来的工作之中。

针对这些交际目的，主持人应当选择积极昂扬的语言，以鼓舞士气，本例中年会以总结工作为主要目的，因此，在主持时要理性稳重，同时也要配合过年的气氛，热烈而喜庆。在表彰优秀员工时，主持人在肯定优秀员工工作成绩的同时，也要照顾到那些工作不顺利的员工的情绪，注意言语切不可讽刺或嘲弄，不能为了刻意创造幽默而挖苦别人。

2. 注意不同的交际对象

同样以年会为例，参加年会的来宾不仅有公司的领导、员工，有时还包括家属等，所以活动中涉及的交际对象具有广泛性，要针对与会者不同的身份地位、年龄性别以及亲疏关系等，选择合适的交际语言。

一般说来，交际双方关系越密切，地位、年龄、辈分相当，所需要的礼貌程度就越低；双方关系越疏远、越陌生，对方地位越高、辈分越尊、年龄越长，越要客气。反之，对下级或小辈则可随便自由些，而对朋友熟人过于客气，反而见外。例如，在邀请领导上台时，可说："有请某某上台为大家讲几句话。"而对于一般的员工，或非公司内部员工等，就不用那么正式，可用"请那位穿红色毛衣的女士到台上来"等语言。但有时也会刻意抬高对方身份，用相当正式的语言以达到幽默的效果。

就性别而言，女性喜欢使用恭维语。在日常语交际中，女性善于较频繁地使用恭维语来表达对他人的积极评价、羡慕、鼓励、欣赏和感激等，以满足对方面子的需求，同时也较多地受到别人的恭维，特别是在服饰、外貌方面。例如，在赞美某位女性时说："我一直在注意你，你的微笑太美了，使整间餐馆都为之生辉。"那位受恭维的女士会很乐于接受。而对于男性来说，更愿意收到来自工作方面的恭维。

在选择得体的用语时，尤其要注意交际双方的关系。如果主持人本身就是公司的内部员工，对于在座的来宾则较为熟悉，与同一部门的同事关系则更为密切。在与一般员工交流时，可选择较随意的日常语言，偶尔开个玩笑也不为过，但在与领导交流时，要注意等级关系，应选用较正式且略带敬意的语言。因此，言语交际中，要根据不同对象确定合适的礼貌方式，使话语既客气有礼又恰如其分。

3. 注意不同的交际场合

对于年会来说，活动举办的地点通常有宾馆、度假村或公司会议大厅等，有时，活动是以晚宴的形式进行的。主持人要根据不同的场合选择合适的语言。比如，在晚宴中，来宾们可能正在进食，这时，要选择适当的时机来增添笑料，以免来宾呛到食物等。而宴会开场白也要尽量简洁，以免让大家饥肠辘辘地听长篇大论。

礼貌原则的运用是否得体，也必须结合具体场合的语言环境来看。对某一种场合来说是得体、礼貌的语言，换一种场合就未必如此，也许显得过分礼貌或者不够礼貌。使用过分礼貌或者不够礼貌的形式使语言显得不得体，可能会因此而产生另一种会话含义。例如，发言人讲大篇自谦语"本人水平有限，再加上时间仓促，准备不充分，发言不成熟，望大家海涵……"适度谦虚的态度给人快感，过分自谦反而得不到礼貌效果，会引人反感。从效果上看，空泛的自谦语说多了很乏味，只有适度实在的礼貌才能建立良好的公共关系。

任何一个交际场合都是动态的，现场情况是不断变化的，在主持现场，常常会发生一些突发事件，这时，主持人应根据现场情况，灵活应变，选择合适的语言来缓解紧张。

例如，某餐馆以代办喜庆筵席享有盛名。一日晚上，正值餐厅内宾客十分高兴之时，突然停电，餐厅内顿时一片漆黑，宾主正觉得惊愕和扫兴，只听得餐厅经理高声道："各位来宾，下一个节目请新郎与新娘为大家点燃蜡烛。让我们鼓掌感谢新郎与新娘，感谢他们俩亲手为大家献上一片光明！"话毕，服务员上烛台10余盏。全场欢声如雷，胜似当初。自此之后，这家餐馆的喜庆筵席上便真的有了点蜡烛的节目。

交际的场合也不是完全固定不变的，当发生特殊情况时，主持人应采用适当的语言来适应场合的变化。在上例中，餐馆经理处乱不惊，灵活应变，在紧急的情况下，采取果断措施，用充满激情的言语，完美地解决了这个突然出现的问题。

例如，中央电视台某节目主持人在主持某期节目时，与来宾讨论歌星的假唱问题。正当讨论热烈，来宾与现场观众情绪高涨时，突然场上的灯光暗了下来，来宾和观众不知所措，现场的气氛十分紧张和不安。面对这一突变情况，主持人没有慌张，而是急中生智，幽默地说："你们看连灯泡也不容忍一个假……"讨论没有因意外的突变而中断，现场观众的情绪也没有因此而波动，反而为谈话平添了一种乐趣。

突如其来的灯光问题因为主持人的借"故"发挥，化解了观众的惊愕、惶惑情绪，让节目得以顺利进行。

对于礼仪主持人来说，主持的地点可能是一个小小的主持台，也可能是临时搭建的户外舞台，无论在哪里，其主持的过程和接受的过程都是时空同步的。从时间上看，礼仪主持工作是单向性的，即一次性完成。在主持过程中，即使有些缺憾，也不可能重来；如果发生失误，也只能通过现场临时发挥来弥补。因此，主持人一定要做好准备工作，才有可能使工作臻于完美。从空间上看，礼仪主持的环境是开放性的，与观众的接触是直接的，而不是通过摄像镜头。因此，主持人一定要注意与观众的沟通，包括言语方面、体态方面、情感方面等。主持人在主持活动中要"眼观六路，耳听八方"，及时发觉、捕捉受众对所说的话产生的不同反应。因为受众感兴趣与否，或反对，或赞同都会在表情和神态上有所反映。有经验、成熟的主持人对受众任何细微的变化都会有所察觉，并迅速做出反应，拿出相应的对策，主动地调节受众的感情，让主持活动顺利地进行。

4. 注意不同的民族文化

中国传统文化中最有特色的礼貌现象是贬己尊人，即言语交际中往往自我贬抑，推崇"自卑而尊人"。

例如，一个中国人宴请朋友时习惯说："很抱歉，没什么好吃的，请多包涵。"如果受话主体是西方朋友，那么，对方就会对发话主体的身份角色产生排斥心理，觉得分明是不欢迎自己。

中西方民族文化和文化心理差异使得话语理解产生了障碍。贬己尊人的现象还体现在听到赞美之词时，听话人往往会把对自身的贬损夸大到最大程度，以示自谦，而西方人在这种情况下往往因自己的话被直言否决而感到中国人不讲礼貌。

以下是相关的例子。

例4—4

外国客人：你的工作做得很好。

中国服务员：不，我的工作还有许多缺点。

以上对话中双方都遵守了礼貌原则，外国客人遵守了赞誉准则，中国服务员遵守了谦逊准则，都是出于礼貌，却使交际以外国客人的悻悻然而告终。两人之间的交际之所以失败，是因为双方都忽略了交际对象，双方不同的文化背景导致采取各自的礼貌原则。因此，言语交际中，发话主体在建构话语时要把不同民族的文化心理作为参照指数，选择受话主体能够理解和接受的话语角色，受话主体也要客观理解发话主体的民族文化特征，对发话主体的身份和角色给予肯定和接纳。

中西文化差异还表现在很多方面，如果对这种文化的差异在语言上的反应不了解，就容易造成交际上的失误。如美国人自我中心意识和独立意识很强，自己的事情不希望别人介入。主动帮助别人或接受别人帮助常是令美国人难堪的事。而中国人的人生价值观受传统文化的影响，强调"克己""礼让"。因而，在中国主动关心别人、无微不至地体贴别人是一种美德。如当某人生病时，中国人会说："多喝点水，多穿件衣服。"美国人则说："你脸色苍白，你感觉好吗？"再如，西方人非常看重个人隐私问题。在中国老人很喜欢问年轻人："多大了？有女朋友了吗？结婚了吗？"年轻人虽然不好意思，但也会照实回答，不会有什么不舒服的感觉，但是如果这样问一个美国人，往往就会令对方觉得不快，因为在美国人看来这是隐私。中美两国的文化背景不同，语言交流当中必须要注意这种不同。

如今，国际间的交流越来越频繁，仍以年会为例，尤其是在跨国公司内，参加年会的来宾可能来自世界各地。活动既要满足中华民族对中庸、和谐、圆满的追求与欣赏，又要考虑到其他民族的文化习惯。主持人应选择符合国际惯例的语言，避免文化冲突。

5. 注意不同的时代背景

主持人在语言使用上要紧紧把握住时代的脉搏，焕发时代的风采，唱出时代的主旋律，而不能违背时代精神，滥用、乱用一些过时、陈旧的陈词滥调，表现出一种与时代不相吻合的陈腐之气。有些主持人喜欢炫耀自己的传统文化知识，在主持语言中动不动就大用特用"之乎者也"，类似"今晚节目之精彩，乃千载难逢也，观众之掌声，不正似春雷阵阵乎"。这类文白夹杂的说话方式已与受众对语言的欣赏习惯与审美要求相距甚远。随着时代的变迁与发展，新的词汇、新的语言不断融入现今的生活，"克隆""选秀"等一系列词语纷至沓来，主持人要紧跟时代的步伐，掌握时代的节奏，把这种时代前进的脉络及时、准确地反映在自己的主持语言上。

由于影响言语交际的因素错综复杂，再加上言语交际是个双向交流的动态过程。因此，言语主体必须充分发挥主观能动性，针对题旨、语境、对象等随时调整言语表达，以符合得体适当的原则。而对于礼仪主持人来说，最基本的要求就是能够根据语境要素，选择得体的主持用语。

思 考 题

1. 公关语言的特点有哪些？怎样在实际运用中把握这些特点？

2. 公关语言的形式有哪些？在体态语言的运用上应该注意哪些？
3. 影响倾听的因素有哪些？
4. 简述倾听的步骤和技巧。
5. 怎样根据不同的语境选择得体的用语？